RAZÕES PRÁTICAS
SOBRE A TEORIA DA AÇÃO

PIERRE BOURDIEU

tradução
Mariza Corrêa

RAZÕES PRÁTICAS
SOBRE A TEORIA DA AÇÃO

PAPIRUS EDITORA

Título original em francês: *Raisons pratiques –*
Sur la théorie de l'action
© Éditions du Seuil, 1994

Tradução | Mariza Corrêa
Capa | Fernando Cornacchia
Foto de capa | Rennato Testa
Copidesque | Mônica Saddy Martins
Revisão | Marília Marcello Braida e Paola M. Felipe dos Anjos

---

Dados Internacionais de Catalogação na Publicação (CIP)
(Câmara Brasileira do Livro, SP, Brasil)

Bourdieu, Pierre, 1930-2002
  Razões práticas: Sobre a teoria da ação/Pierre Bourdieu;
Tradução: Mariza Corrêa – 11ª ed. – Campinas, SP: Papirus, 2011.

Título original: *Raisons pratiques: Sur la théorie de l'action.*
Bibliografia.
ISBN 978-85-308-0393-3

1. Ciência – Filosofia 2. Relação (Filosofia) 3. Teoria da ação I. Título.

11-14596   CDD-111

Índice para catálogo sistemático:

1. Ação: Teoria: Filosofia   111
1. Teoria da ação: Filosofia   111

11ª Edição – 2011
12ª Reimpressão – 2025
Tiragem: 120 exs.

Exceto no caso de citações, a grafia deste livro está atualizada segundo o Acordo Ortográfico da Língua Portuguesa adotado no Brasil a partir de 2009.

Proibida a reprodução total ou parcial da obra de acordo com a lei 9.610/98.
Editora afiliada à Associação Brasileira dos Direitos Reprográficos (ABDR).

DIREITOS RESERVADOS PARA A LÍNGUA PORTUGUESA:
© M.R. Cornacchia Editora Ltda. – Papirus Editora
R. Barata Ribeiro, 79, sala 3   – CEP 13023-030 – Vila Itapura
Fone: (19) 3790-1300 – Campinas – São Paulo – Brasil
E-mail: editora@papirus.com.br – www.papirus.com.br

SUMÁRIO

PREFÁCIO À EDIÇÃO BRASILEIRA 7

PREFÁCIO 9

1. ESPAÇO SOCIAL E ESPAÇO SIMBÓLICO 13
   Apêndice: A variante "soviética" e o capital político 28

2. O NOVO CAPITAL 35
   Apêndice: Espaço social e campo do poder 48

3. POR UMA CIÊNCIA DAS OBRAS 53
   Apêndice 1: A ilusão biográfica 74
   Apêndice 2: A dupla ruptura 83

4. ESPÍRITOS DE ESTADO:
   GÊNESE E ESTRUTURA DO CAMPO BUROCRÁTICO 91
   Apêndice: O espírito de família 124

5. É POSSÍVEL UM ATO DESINTERESSADO? 137

6. A ECONOMIA DOS BENS SIMBÓLICOS 157
    Apêndice: Sobre a economia da Igreja 195

7. O PONTO DE VISTA ESCOLÁSTICO 199

    UM FUNDAMENTO PARADOXAL DA MORAL 217

    ÍNDICE ONOMÁSTICO 223

PREFÁCIO À EDIÇÃO BRASILEIRA

Fico satisfeito que, graças à generosidade de minha tradutora e de meu editor, seja publicado no Brasil este livro que apresenta tanto um retorno reflexivo sobre o conhecimento acumulado e os fundamentos de minhas pesquisas anteriores — especialmente aquelas que levaram a *La distinction, La noblesse d'Etat* e *Les règles de l'art** — e primeiro balanço provisório dos trabalhos que venho fazendo, há alguns anos, sobre a gênese do Estado e sobre a economia dos bens simbólicos. Como não têm o "lastro" do material empírico a partir do qual e através do qual elas se desenvolveram, essas análises podem parecer mais "universais", menos presas a um contexto histórico e, assim, mais fáceis de assimilar por leitores inseridos num contexto social distinto. Mas eu não gostaria, por isso, de ser lido como um "teórico" puro: os conceitos que proponho não são o produto de uma partenogênese teórica e foram todos construídos, com frequência, ao preço de um grande esforço, para resolver problemas inseparavelmente empíricos e teóricos. O melhor exemplo é, sem dúvida, a noção de

---
* *As regras da arte*. São Paulo, Companhia das Letras, 1996.

espaço social que, acredito, permite resolver o problema da existência ou não existência de classes sociais, mantendo o essencial daquilo que querem expressar aqueles que "creem" na existência das classes sociais, isto é, na existência de diferenças, e mesmo de oposições, que de fato existem, sem cair nos erros denunciados, com fundamento (ainda que impelidos por más razões políticas), por aqueles que contestam a existência das classes como grupos reais. Poderia dizer o mesmo da noção de capital simbólico que, enquanto princípio objetivo da violência simbólica, permite, me parece, resolver problemas aparentemente insolúveis colocados pelas antinomias da dominação simbólica, como dominação ao mesmo tempo sofrida sob pressão e aceita através do reconhecimento ou da obediência. Problemas que, acredito, bloqueiam toda reflexão sobre a dominação masculina e também, em uma outra esfera, sobre a relação do cidadão com o Estado.

Se posso fazer um voto, é o de que meus leitores, especialmente os mais jovens, que começam a se envolver em pesquisas, não leiam este livro como um simples instrumento de reflexão, um simples suporte da especulação teórica e da discussão abstrata, mas como uma espécie de manual de ginástica intelectual, um guia prático que é preciso aplicar a uma prática, isto é, a uma pesquisa prazenteira, liberta de proibições e de divisões e desejosa de trazer a todos esta compreensão rigorosa do mundo que, estou convencido, é um dos instrumentos de liberação mais poderosos com que contamos.

Pierre Bourdieu
Paris, outubro de 1995

PREFÁCIO

A situação na qual me encontrei, ao tentar demonstrar perante plateias estrangeiras a validade universal de modelos construídos a partir do caso específico da França, talvez tenha sido o que me possibilitou, nessas conferências, abordar o que acredito ser o essencial do meu trabalho, indo ao que é elementar e fundamental nele e que, sem dúvida, por falha minha, frequentemente escapa a leitores e comentaristas, mesmo os mais bem-intencionados.

Em primeiro lugar, uma filosofia da ciência que se poderia chamar de *relacional*, já que atribui primazia às relações; ainda que, a crer em autores tão diversos como Cassirer ou Bachelard, ela seja parte de toda a ciência moderna, tal filosofia só raramente é posta em prática nas ciências sociais, sem dúvida, porque se opõe diretamente às rotinas do pensamento corrente (ou senso comum esclarecido) no mundo social, vinculada que está a "realidades" substanciais, indivíduos, grupos etc. mais do que às *relações objetivas* que não podemos mostrar ou tocar e que precisamos conquistar, construir e validar por meio do trabalho científico.

Também uma filosofia da ação, chamada às vezes de *disposicional*, que atualiza as potencialidades inscritas nos corpos dos agentes e na estrutura das situações nas quais eles atuam ou, mais precisamente, em sua relação. Essa filosofia, condensada em um pequeno número de conceitos fundamentais — *habitus*, campo, capital — e que tem como ponto central a relação, de mão dupla, entre as estruturas objetivas (dos campos sociais) e as estruturas incorporadas (do *habitus*), opõe-se radicalmente aos pressupostos antropológicos inscritos na linguagem, na qual comumente se fiam os agentes sociais, particularmente os intelectuais, para dar conta da prática (especialmente quando, em nome de um racionalismo estreito, consideram irracional qualquer ação ou representação que não seja engendrada pelas *razões* explicitamente dadas de um indivíduo autônomo, plenamente consciente de suas motivações). Opõe-se também às teses mais extremas de certo estruturalismo, na sua recusa em reduzir os *agentes*, que considera eminentemente ativos e atuantes (sem transformá-los em *sujeitos*), a simples epifenômenos da estrutura (o que parece torná-la igualmente deficiente aos olhos dos que sustentam uma ou outra dessas posições). Essa filosofia da ação se afirma, desde logo, por romper com algumas noções patenteadas que foram introduzidas no discurso acadêmico sem maiores cuidados ("sujeito", "motivação", "ator", "papel" etc.) e com uma série de oposições socialmente muito fortes, indivíduo/sociedade, individual/coletivo, consciente/inconsciente, interessado/desinteressado, objetivo/subjetivo etc., que parecem constitutivas de qualquer espírito normalmente constituído.

  Estou consciente da pequena possibilidade que tenho de chegar a transmitir realmente, apenas pela virtude do discurso, os princípios dessa filosofia e as disposições práticas, o "ofício", no qual eles se encarnam. Pior ainda, sei que, ao chamá-los de filosofia, por concessão à linguagem comum, corro o risco de vê-los transformados em proposições teóricas, suscetíveis de discussões teóricas, que podem levar a criar novos obstáculos à transmissão dos modos controlados e constantes de agir e de pensar que constituem um método. Mas quero crer que poderei, ao menos, contribuir para dissipar os mal-entendidos mais tenazes a respeito de meu trabalho, especialmente aqueles que, às vezes deliberadamente, mantêm-se através da repetição incansável das mesmas objeções sem objeto, das mesmas reduções, voluntárias ou involuntárias, ao absurdo[1]: penso, por exemplo, nas acusações de "holismo" ou "utilitarismo" e em várias outras definições definitivas engendradas pelo pensamento classificatório de *lectores* ou pela impaciência redutora de aspirantes a *auctores*.

Parece-me que a resistência que tantos intelectuais opõem à análise sociológica, sempre suspeita de reducionismo grosseiro, e particularmente odiosa quando é aplicada diretamente a seu próprio universo, está enraizada em uma espécie de pundonor (espiritualista) deslocado, que os impede de aceitar a representação realista da ação humana, condição primeira de um conhecimento científico do mundo social, ou, mais precisamente, em uma ideia inteiramente inadequada de sua dignidade de "sujeitos", que faz que eles vejam na análise científica das práticas um atentado contra sua "liberdade" ou seu "desinteresse".

É verdade que a análise sociológica não faz qualquer concessão ao narcisismo e que opera uma ruptura radical com a imagem profundamente complacente da existência humana defendida por aqueles que, a qualquer preço, desejam pensar-se como "os mais insubstituíveis dos seres". Mas não é menos verdade que ela é um dos instrumentos mais poderosos de conhecimento de si, como ser social, isto é, como ser singular. Se ela põe em questão as liberdades ilusórias que se dão aqueles que veem nessa forma de conhecimento de si uma "descida aos infernos" e que periodicamente aclamam o último grito da moda como "sociologia da

---

1. A referência a essas críticas, pela necessidade de recordar os mesmos princípios em ocasiões diferentes e diante de públicos diferentes, é uma das causas das *repetições* que serão encontradas neste livro e que preferi manter em razão da clareza.

liberdade" — defendida com esse nome por um autor há bem uns trinta anos —, ela oferece alguns dos meios mais eficazes de acesso à liberdade que o conhecimento dos determinismos sociais permite conquistar contra os determinismos.

1
ESPAÇO SOCIAL E ESPAÇO SIMBÓLICO

Se eu fosse japonês, acho que não gostaria da maior parte das coisas que os não japoneses escrevem sobre o Japão.[1] Na época em que comecei a me interessar pela sociedade francesa, há mais de vinte anos, reconheci a irritação que sentia pelos trabalhos americanos de etnologia da França na crítica que dois sociólogos japoneses, Hiroshi Minami e Tetsuro Watsuji, tinham feito ao conhecido livro de Ruth Benedict, *O crisântemo e a espada*. Assim, não vou falar sobre a "sensibilidade japonesa" nem sobre o "mistério" ou sobre o "milagre" japonês. Vou falar de um país que conheço bem, não porque nasci lá nem porque falo sua língua, mas porque pesquisei muito sobre ele: a França. Isso quer dizer que ficarei fechado na particularidade de uma sociedade singular e não direi nada sobre o Japão? Não creio. Ao contrário, acho que, ao apresentar o modelo de espaço social e de espaço simbólico que construí *a propósito* do caso particular da França, falarei sempre do Japão (como, falando alhures, falarei dos Estados

---
1. Conferência proferida na Universidade de Todai em outubro de 1989.

Unidos ou da Alemanha). E, para que o discurso que lhes diz respeito — e que pode parecer carregado de alusões pessoais, quando falo do *homo academicus* — seja inteiramente inteligível, gostaria de encorajá-los e ajudá-los a ultrapassar a leitura particularista que, além de constituir um ótimo sistema de defesa contra a análise, é o equivalente exato, da perspectiva da recepção, da curiosidade pelos particularismos exóticos que inspiraram tantos trabalhos sobre o Japão.

Meu trabalho, especialmente *La distinction*, está particularmente exposto a tal leitura. O modelo teórico não se apresenta aí acompanhado de todos os signos nos quais comumente reconhecemos a "grande teoria", a começar pela ausência de qualquer referência a uma realidade empírica qualquer. As noções de espaço social, de espaço simbólico ou de classe social não são, nunca, examinadas em si mesmas e por si mesmas; são utilizadas e postas à prova em uma pesquisa inseparavelmente teórica e empírica que, a propósito de um objeto bem-situado no espaço e no tempo, a sociedade francesa nos anos 70, mobiliza uma pluralidade de métodos quantitativos e qualitativos, estatísticos e etnográficos, macrossociológicos e microssociológicos (tantas oposições desprovidas de sentido) de observação e de avaliação; o resultado dessa pesquisa não é apresentado na linguagem a qual fomos acostumados por uma série de sociólogos, especialmente os americanos, e que deve sua aparência de universalidade apenas à indeterminação de um léxico impreciso e que mal se distingue do uso comum: vou dar só um exemplo — a noção de *profissão*. Uma montagem discursiva que permite justapor a tabela estatística, a fotografia, o resumo de uma entrevista, a reprodução do documento e a linguagem abstrata da análise faz com que coexistam o mais abstrato e o mais concreto, uma fotografia do presidente da república da época jogando tênis, ou a entrevista de uma padeira, com a análise mais formal do poder gerador e unificador do *habitus*.

De fato, todo o meu empreendimento científico se inspira na convicção de que não podemos capturar a lógica mais profunda do mundo social a não ser submergindo na particularidade de uma realidade empírica, historicamente situada e datada, para construí-la, porém, como "caso particular do possível", conforme a expressão de Gaston Bachelard, isto é, como uma figura em um universo de configurações possíveis. Concretamente, isso quer dizer que uma análise do espaço social como a que proponho, a partir do caso da França dos anos 70, é a da história comparada, que se interessa pelo presente, ou a da antropologia comparativa, que se interessa por uma determinada região cultural, e cujo objetivo é apanhar o invariante, a estrutura, na variante observada.

Estou convencido de que, ainda que tenha toda a aparência de etnocentrismo, a proposta de aplicar a um outro mundo social um modelo construído de acordo com essa lógica é, sem dúvida, mais respeitosa em relação às realidades históricas (e das pessoas) e, sobretudo, cientificamente mais fecunda do que o interesse que tem o curioso pelos exotismos, pelas particularidades aparentes, já que ele atribui prioridade às diferenças pitorescas (penso, por exemplo, no que se diz e se escreve, no caso do Japão, sobre a "cultura do prazer"). O pesquisador, ao mesmo tempo mais modesto e mais ambicioso do que o curioso pelos exotismos, objetiva apreender estruturas e mecanismos que, ainda que por razões diferentes, escapam tanto ao olhar nativo quanto ao olhar estrangeiro, tais como os princípios de construção do espaço social ou os mecanismos de reprodução desse espaço e que ele acha que pode representar em um modelo que tem a pretensão de *validade universal*. Ele pode, assim, indicar as diferenças reais que separam tanto as estruturas quanto as disposições (os *habitus*) e cujo princípio é preciso procurar, não na singularidade das naturezas — ou das "almas" —, mas nas particularidades de *histórias coletivas* diferentes.

O real é relacional

É nessa direção que apresento o modelo que construí em *La distinction*, tratando, primeiro, de prevenir contra uma leitura "substancialista" de análises que se querem estruturais, ou melhor, relacionais (refiro-me aqui, sem poder evocá-la no detalhe, à oposição feita por Ernst Cassirer entre "conceitos substanciais" e "conceitos funcionais ou relacionais"). Para me fazer entender, direi que a leitura "substancialista" e ingenuamente realista considera cada prática (por exemplo, a prática do golfe) ou consumo (por exemplo, a cozinha chinesa) em si mesmas e por si mesmas, independentemente do universo das práticas intercambiáveis e concebe a correspondência entre as posições sociais (ou as classes vistas como conjuntos substanciais) e os gostos ou as práticas como uma relação mecânica e direta: nessa lógica, poderíamos ver uma refutação do modelo proposto no fato de que — para usar um exemplo um pouco banal — os intelectuais japoneses ou americanos dizem adorar a cozinha francesa, ao passo que os intelectuais franceses adoram frequentar os restaurantes chineses ou japoneses, ou ainda que as butiques chiques de Tóquio ou da Quinta Avenida frequentemente têm nomes franceses, ao passo que as butiques chiques do *faubourg* Saint-Honoré têm nomes em inglês, como *hair dresser*. Outro exemplo, que acho ainda mais surpreendente: todos sabem que, no caso do Japão, são as mulheres menos instruídas das comunidades rurais as que têm o índice mais alto de participação nas pesquisas de opinião, ao passo que, na França, como mostrei em uma análise sobre a falta de resposta nas pesquisas de opinião, o índice de falta de respostas — e de indiferença à política — é particularmente alto entre as mulheres com menor instrução e econômica e socialmente mais pobres. Temos aqui uma falsa diferença que esconde uma diferença verdadeira: o "apolitismo", vinculado à ausência dos instrumentos de produção da opinião política, ali se expressa em um simples absenteísmo e lá se traduz em uma espécie de participação apolítica. É preciso perguntar-se quais são as condições históricas (seria preciso invocar aqui toda a história política japonesa) que fazem com que, no Japão, sejam os partidos mais conservadores aqueles que podem, a partir de formas muito específicas de clientelismo, tirar vantagens da disposição à delegação incondicional, que é favorecida pela convicção de não se possuir a competência *estatutária e técnica* indispensável à participação.

O modo de pensar substancialista, que é o do senso comum — e do racismo — e que leva a tratar as atividades ou preferências próprias a certos indivíduos ou a certos grupos de uma certa sociedade, em um determinado momento, como propriedades substanciais, inscritas de uma vez por todas em uma espécie de *essência* biológica ou — o que não é melhor — cultural, leva aos mesmos erros de comparação — não mais entre sociedades diferentes, mas entre períodos sucessivos da mesma sociedade. Alguns verão, assim, uma refutação do modelo proposto — cujo diagrama mostra a correspondência entre o espaço das classes construídas e o espaço das práticas e propõe delas uma imagem figurada e sinóptica[2] — no fato de que, por exemplo, o tênis ou o golfe já não são, atualmente, tão exclusivamente associados às posições dominantes como eram antigamente. Objeção quase tão séria como a que consistiria em me contrapor ao fato de que os esportes nobres, como a equitação e a esgrima (ou, no Japão, as artes marciais), já não são o apanágio dos nobres como foram de início... Uma prática inicialmente nobre pode ser abandonada pelos nobres — e isso ocorre com frequência — tão logo seja adotada por uma fração crescente da burguesia e da pequena burguesia, e logo das classes populares (isso ocorreu na França com o boxe, muito praticado pelos aristocratas franceses no final do século XIX); inversamente, uma prática inicialmente popular pode ser retomada em algum momento pelos nobres. Em resumo, é preciso cuidar-se para não transformar em propriedades necessárias e intrínsecas de um grupo

---

2. Cf. *La distinction*. Paris, Minuit, 1979, pp. 140-141.

qualquer (a nobreza, os samurais ou os operários e funcionários) as propriedades que lhes cabem em um momento dado, a partir de sua posição em um espaço social determinado e em uma dada situação de *oferta* de bens e práticas possíveis. Trata-se, portanto, em cada momento de cada sociedade, de um conjunto de posições sociais, vinculado por uma relação de homologia a um conjunto de atividades (a prática do golfe ou do piano) ou de bens (uma segunda casa ou o quadro de um mestre), eles próprios relacionalmente definidos.

Essa fórmula, que pode parecer abstrata e obscura, enuncia a primeira condição de uma leitura adequada da análise da relação entre as *posições sociais* (conceito relacional), as *disposições* (ou os *habitus*) e as *tomadas de posição*, as "escolhas" que os agentes sociais fazem nos domínios mais diferentes da prática, na cozinha ou no esporte, na música ou na política etc. Ela lembra que a comparação só é possível *entre sistemas* e que a pesquisa de equivalentes diretos entre traços isolados, sejam eles diferentes à primeira vista, mas "funcional" ou tecnicamente equivalentes (como o Pernod e o *shochu* ou o saquê) ou nominalmente idênticos (a prática do golfe na França e no Japão, por exemplo), arrisca-se a uma identificação indevida de propriedades estruturalmente diferentes ou à distinção equivocada de propriedades estruturalmente idênticas. O próprio título do trabalho assinala que o que comumente chamamos de distinção, uma certa qualidade, mais frequentemente considerada como inata (fala-se de "distinção natural"), de porte e de maneiras, é de fato *diferença*, separação, traço distintivo, resumindo, propriedade *relacional* que só existe em relação a outras propriedades.

Essa ideia de diferença, de separação, está no fundamento da própria noção de *espaço*, conjunto de posições distintas e coexistentes, exteriores umas às outras, definidas umas em relação às outras por sua *exterioridade mútua* e por relações de proximidade, de vizinhança ou de distanciamento e, também, por relações de ordem, como acima, abaixo e *entre;* por exemplo, várias características dos membros da pequena burguesia podem ser deduzidas do fato de que eles ocupam uma posição intermediária entre duas posições extremas, sem serem objetivamente identificáveis e subjetivamente identificados com uma ou com outra.

O espaço social é construído de tal modo que os agentes ou os grupos são aí distribuídos em função de sua posição nas distribuições estatísticas de acordo com os *dois princípios de diferenciação* que, em sociedades mais desenvolvidas, como os Estados Unidos, o Japão ou a França, são, sem dúvida, os mais eficientes — o capital econômico e o capital cultural. Segue-se que os agentes têm tanto mais em comum quanto mais próximos estejam nessas duas dimensões, e tanto menos quanto mais distantes estejam nelas. As distâncias espaciais no papel equivalem a distâncias sociais. Mais precisamente, como expressa o diagrama de *La distinction,* no qual tentei representar o espaço social, os agentes são distribuídos, na primeira dimensão, de acordo com o volume global de capital (desses dois tipos diferentes) que possuam e, na segunda dimensão, de acordo com a estrutura de seu capital, isto é, de acordo com o peso relativo dos diferentes tipos de capital, econômico e cultural, no volume global de seu capital.

Assim, na primeira dimensão, sem dúvida a mais importante, os detentores de um grande volume de capital global, como empresários, membros de profissões liberais e professores universitários, opõem-se globalmente àqueles menos providos de capital econômico e de capital cultural, como os operários não qualificados; mas, de outra perspectiva, isto é, da perspectiva do peso relativo do capital econômico e do capital cultural no seu patrimônio, os professores (relativamente mais ricos em capital cultural do que em capital econômico) opõem-se de maneira nítida aos empresários (relativamente mais ricos em capital econômico do que em capital cultural), isso sem dúvida ocorre no Japão como na França — o que seria preciso verificar.

Espaço das posições sociais e espaço dos estilos de vida — (Diagrama das páginas 140 e 141 de *La distinction*, simplificado e reduzido a alguns indicadores significativos em termos de bebidas, esportes, instrumentos musicais ou jogos sociais.) A linha pontilhada indica o limite entre a orientação provável para a direita ou para a esquerda.

Essa segunda oposição é, como a primeira, o fundamento de diferenças nas disposições e, assim, nas tomadas de posição: é o caso da oposição entre os intelectuais e os empresários ou, em um nível inferior da hierarquia social, entre os professores primários e os pequenos comerciantes, o que, na França e no Japão do pós-guerra traduz-se, em política, em uma oposição entre a esquerda e a direita (como sugerimos no diagrama, a probabilidade de tender para a direita ou para a esquerda, em política, depende tanto da posição na dimensão horizontal quanto da posição na dimensão vertical, isto é, tanto do peso relativo do capital cultural e do capital econômico no volume de capital possuído quanto de seu volume).

De maneira mais geral, o espaço de posições sociais se retraduz em um espaço de tomadas de posição pela intermediação do espaço de disposições (ou do *habitus*); ou, em outros termos, ao sistema de separações diferenciais, que definem as diferentes posições nos dois sistemas principais do espaço social, corresponde um sistema de separações diferenciais nas propriedades dos agentes (ou de classes construídas como agentes), isto é, em suas práticas e nos bens que possuem. A cada classe de posições corresponde uma classe de *habitus* (ou de *gostos*) produzidos pelos condicionamentos sociais associados à condição correspondente e, pela intermediação desses *habitus* e de suas capacidades geradoras, um conjunto sistemático de bens e de propriedades, vinculadas entre si por uma afinidade de estilo.

Uma das funções da noção de *habitus* é a de dar conta da unidade de estilo que vincula as práticas e os bens de um agente singular ou de uma classe de agentes (como Balzac ou Flaubert sugerem através de descrições do cenário — a pensão Vauquer em *O pai Goriot* ou os comes e bebes consumidos pelos diferentes protagonistas de *Educação sentimental* —, que são uma maneira de evocar os personagens que o habitam). O *habitus* é esse princípio gerador e unificador que retraduz as características intrínsecas e relacionais de uma posição em um estilo de vida unívoco, isto é, em um conjunto unívoco de escolhas de pessoas, de bens, de práticas.

Assim como as posições das quais são o produto, os *habitus* são diferenciados; mas são também diferenciadores. Distintos, distinguidos, eles são também operadores de distinções: põem em prática princípios de diferenciação diferentes ou utilizam diferenciadamente os princípios de diferenciação comuns.

Os *habitus* são princípios geradores de práticas distintas e distintivas — o que o operário come, e sobretudo sua maneira de comer, o esporte que pratica e sua maneira de praticá-lo, suas opiniões políticas e sua maneira de expressá-las diferem sistematicamente do consumo ou das atividades correspondentes do empresário industrial; mas são também esquemas classificatórios, princípios de classificação, princípios de visão e de divisão e gostos diferentes. Eles estabelecem as diferenças entre o que é bom e mau, entre o bem e o mal, entre o que é distinto e o que é vulgar etc., mas elas não são as mesmas. Assim, por exemplo, o mesmo comportamento ou o mesmo bem pode parecer distinto para um, pretensioso ou ostentatório para outro e vulgar para um terceiro.

Mas o essencial é que, ao serem percebidas por meio dessas categorias sociais de percepção, desses princípios de visão e de divisão, as diferenças nas práticas, nos bens possuídos, nas opiniões expressas tornam-se diferenças simbólicas e constituem uma verdadeira *linguagem*. As diferenças associadas a posições diferentes, isto é, os bens, as práticas e sobretudo as *maneiras*, funcionam, em cada sociedade, como as diferenças constitutivas de sistemas simbólicos, como o conjunto de fonemas de uma língua ou o conjunto de traços distintivos e separações diferenciais constitutivas de um sistema mítico, isto é, como *signos distintivos*.

Abro aqui um parêntese para dissipar um mal-entendido, frequente e funesto, a propósito do título, *La distinction*, que levou a crer que todo o conteúdo do livro se reduzia a dizer que o motor de todas as condutas humanas seria a busca da distinção. O que não faz sentido e, além disso, não seria nenhuma novidade se pensarmos, por exemplo, em Veblen e em seu "consumo conspícuo" (*conspicuous consumption*). De fato, a ideia central é que existir em um espaço, ser um ponto, um indivíduo em um espaço, é diferir, ser diferente; ou, de acordo com a fórmula de Benveniste ao falar da linguagem, "ser distintivo, ser significativo, é a mesma coisa". Significativo opondo-se a insignificante, nos vários sentidos. Mais precisamente — Benveniste anda depressa demais...—, uma diferença, uma propriedade distintiva, cor da pele branca ou negra, magreza ou gordura, Volvo ou 2CV, vinho tinto ou champanhe, Pernod ou uísque, golfe ou futebol, piano ou acordeão, bridge ou bocha (procedo por oposições porque é assim que se faz, na maioria das vezes — mas as coisas são mais complicadas), só se torna uma diferença visível, perceptível, não indiferente, socialmente *pertinente*, se ela é percebida por alguém capaz de *estabelecer a diferença* — já que, por estar inscrito no espaço em questão, esse alguém não é *indiferente* e é dotado de categorias de percepção, de esquemas classificatórios, de um *gosto*, que lhe permite estabelecer diferenças, discernir, distinguir — entre uma reprodução e um quadro ou entre Van Gogh e Gauguin. A diferença só se torna signo e signo de distinção (ou de vulgaridade) se lhe aplicamos um princípio de visão e de divisão que, sendo o produto da incorporação da estrutura de diferenças objetivas (por exemplo, a estrutura da distribuição, no espaço social, do piano ou do acordeão, ou dos que tocam um ou outro), está presente em todos os agentes, proprietários de pianos ou tocadores de acordeão, e estrutura suas percepções como proprietários ou tocadores de piano e de acordeão (seria necessário precisar essa análise da lógica — a da violência simbólica — que estabelece que as artes de viver dominadas sejam quase sempre percebidas, mesmo por seus praticantes, do ponto de vista destruidor e redutor da estética dominante).

A lógica das classes

Construir o espaço social, essa realidade invisível, que não podemos mostrar nem tocar e que organiza as práticas e as representações dos agentes, é ao mesmo tempo possibilitar a construção de *classes teóricas* tão homogêneas quanto possível da perspectiva dos dois principais determinantes das práticas e de todas as propriedades que daí decorrem. O princípio de classificação assim posto em prática é verdadeiramente *explicativo*: não se contenta em descrever o conjunto das realidades classificadas e sim, como as boas taxionomias das ciências naturais, vincula-se a propriedades determinantes que, por oposição às diferenças aparentes das más classificações, permitem predizer as outras propriedades e distinguem e agrupam os agentes que mais se pareçam entre si e que sejam tão diferentes quanto possível dos integrantes de outras classes, vizinhas ou distantes.

Mas a própria validade da classificação arrisca a indução a ver classes teóricas, agrupamentos fictícios que só existem *no papel*, por uma decisão intelectual do pesquisador, como classes *reais*, grupos reais, constituídos como tais na realidade. Perigo ainda maior já que a pesquisa faz, de fato, com que pareça que as divisões desenhadas em *La distinction* correspondam a diferenças reais nos domínios os mais diferentes, isto é, os mais inesperados, da prática. Para utilizar o exemplo de uma propriedade bizarra, a distribuição de proprietários de cães e de gatos se organiza de acordo com o modelo, o amor pelos primeiros sendo mais provável entre os comerciantes (à direita, no diagrama), ao passo que a afeição pelos segundos é encontrada com mais frequência entre os intelectuais (à esquerda, no diagrama).

O modelo define, assim, distâncias que *predizem* encontros, afinidades, simpatias e até desejos: concretamente, isso significa que as pessoas situadas no alto do espaço têm pouca probabilidade de se casar com as pessoas situadas embaixo; em primeiro lugar, porque há pouca probabilidade de que elas se encontrem fisicamente (a não ser no que chamamos de lugares de "má fama", isto é, ao preço de uma transgressão das fronteiras sociais que duplicam as distâncias espaciais) e, também, porque, se elas se encontrarem de passagem, por acaso, incidentalmente, elas "não se entenderão", não compreenderão de fato umas às outras e não agradarão umas às outras. A proximidade no espaço social, ao contrário, predispõe à aproximação: as pessoas inscritas em um setor restrito do espaço serão ao mesmo tempo mais próximas (por suas propriedades e suas disposições, *seus gostos*) e mais inclinadas a se aproximar; e também mais fáceis de abordar, de mobilizar. *Isso não significa que elas constituam uma classe, no sentido de Marx, isto é, um grupo mobilizado por objetivos comuns e particularmente contra uma outra classe.*

As classes teóricas que construí, mais do que qualquer outro recorte teórico, mais, por exemplo, do que os recortes conforme sexo, etnia etc., estão predispostas a se tornarem classes no sentido marxista do termo. Se sou um líder político e proponho constituir um grande partido agrupando ao mesmo tempo empresários e operários, tenho pouca possibilidade de sucesso, já que eles estão muito distantes no espaço social; em uma certa conjuntura, em uma crise nacional, com base no nacionalismo ou no chauvinismo, eles poderão aproximar-se, mas esse agrupamento permanecerá muito superficial e bastante provisório. O que não quer dizer que a proximidade no espaço social, ao contrário, engendre automaticamente a unidade: ela define uma potencialidade objetiva de unidade ou, para falar como Leibniz, uma "pretensão de existir" como grupo, uma *classe provável*. A teoria marxista comete um erro semelhante ao que Kant denunciava no argumento ontológico ou ao que o próprio Marx reprovava em Hegel: ela dá um "salto mortal" da existência na teoria à existência na prática ou, nas palavras de Marx, "das coisas da lógica à lógica das coisas".

Paradoxalmente, Marx, que mais do que qualquer outro teórico produziu o *efeito de teoria*, efeito propriamente político que consiste em fazer ver (*theorein*) uma "realidade" que não existe inteiramente, já que não é conhecida e reconhecida, deixou de inscrever esse efeito em sua teoria... Não se passa da classe no papel à classe "real" a não ser por um trabalho político de mobilização: a classe "real", se é que ela alguma vez existiu "realmente", é apenas a classe realizada, isto é, mobilizada, resultado da *luta de classificações* como luta propriamente simbólica (e política) para impor uma visão do mundo social ou, melhor, uma maneira de construí-la, na percepção e na realidade, e de construir as classes segundo as quais ele pode ser recortado.

A existência de classes, na teoria e sobretudo na realidade, cada um sabe disso por experiência, é um alvo de lutas. E é aí que reside o principal obstáculo a um conhecimento científico do mundo social e à solução (porque *há uma solução*...) do problema das classes sociais. Negar a existência de classes, como a tradição conservadora se encarniçou em fazer, em nome de argumentos que não são todos nem sempre absurdos (qualquer pesquisa de boa-fé os encontra em seu caminho), é, em última análise, negar a existência de diferenças e de princípios de diferenciação. É o que fazem, paradoxalmente, já que mantêm o termo classe, aqueles que acham que atualmente as sociedades americana, japonesa ou francesa são uma enorme "classe média" (vi em uma pesquisa de opinião que 80% dos japoneses dizem pertencer às "classes médias"). Posição evidentemente insustentável. Todo meu trabalho mostra que, em um país do qual também se dizia que se tornava homogêneo, que se democratizava etc., a diferença está em toda a parte. Nos Estados Unidos, hoje, não há dia em que não apareça uma nova pesquisa mostrando a diversidade onde *queríamos ver* a homogeneidade, conflito onde queríamos ver consenso, reprodução e conservação onde queríamos ver mobilidade. Assim, a *diferença* (o que expresso ao falar do *espaço* social) existe, e persiste. É necessário, portanto, aceitar ou afirmar a existência de classes? Não. As classes sociais não existem (ainda que o trabalho político orientado pela teoria de Marx possa ter contribuído, em alguns casos, para torná-las existentes, ao menos através das instâncias de mobilização e dos representantes). O que existe é um espaço social, um espaço de diferenças, no qual as classes existem de algum modo em estado virtual, pontilhadas, não como um dado, mas como *algo que se trata de fazer.*

Dito isso, se o mundo social, com suas divisões, é algo que os agentes sociais têm a fazer, a construir, individual e sobretudo *coletivamente*, na cooperação e no conflito, resta que essas construções não se dão no vazio social, como parecem acreditar alguns etnometodólogos: a posição ocupada no espaço social, isto é, na estrutura de distribuição de diferentes tipos de capital, que também são armas, comanda as representações desse espaço e as tomadas de posição nas lutas para conservá-lo ou transformá-lo.

Para resumir essa relação complexa entre as estruturas objetivas e as construções subjetivas, situada além das alternativas comuns do objetivismo e do subjetivismo, do estruturalismo e do construtivismo e até do materialismo e do idealismo, costumo citar, deformando-a ligeiramente, uma fórmula célebre de Pascal: "O mundo me contém e me engole como um ponto, mas eu o contenho." O espaço social me engloba como um ponto. Mas esse ponto é um *ponto de vista*, princípio de uma visão assumida a partir de um ponto situado no espaço social, de uma *perspectiva* definida em sua forma e em seu conteúdo pela posição objetiva a partir da qual é assumida. O espaço social é a realidade primeira e última já que comanda até as representações que os agentes sociais podem ter dele.

Cheguei ao fim dessa espécie de introdução à leitura de *La distinction*, na qual me empenhei em enunciar os princípios de uma leitura relacional, estrutural, adequada a mostrar a dimensão do modelo que proponho. Leitura relacional, mas também *geradora*. Com isso, quero dizer que espero que meus leitores se esforcem para fazer funcionar o modelo nesse outro "caso particular do possível" que é a sociedade japonesa, que se esforcem para construir o espaço social e o espaço simbólico japonês, para definir os princípios fundamentais de diferenciação (acredito que são os mesmos, mas é preciso verificar se, por exemplo, eles não têm pesos relativos diferentes — o que não acredito, dada a importância excepcional tradicionalmente atribuída à educação) e, sobretudo, os princípios de distinção, os signos distintivos específicos no esporte, na culinária, nas bebidas etc., os traços pertinentes que tornam as diferenças significativas nos diferentes subespaços simbólicos. A meu ver, essa é a condição da *comparação do essencial*, que evoquei no início e, também, do conhecimento universal das invariantes e das variáveis que a sociologia pode e deve produzir.

Quanto a mim, esforçar-me-ei por dizer amanhã quais são os mecanismos que, na França, assim como no Japão e em todos os países desenvolvidos, asseguram a reprodução do espaço social e do espaço simbólico, sem ignorar as contradições e os conflitos que podem estar na base das transformações desses dois espaços e de suas relações.

APÊNDICE
A VARIANTE "SOVIÉTICA" E O CAPITAL POLÍTICO[3]

Sei que alguns de vocês fizeram uma leitura cuidadosa de *Die Feinen Unterschiede* (*La distinction*). Gostaria de reler esse livro com vocês, tentando responder à questão que não terão deixado de colocar: O modelo aí proposto é válido para além do caso específico da França? Pode ser aplicado também ao caso da RDA, e em que condições?

---
3. Conferência proferida em Berlim Oriental em 25 de outubro de 1989.

Se queremos demonstrar que se trata de um modelo universal, que permite dar conta de variações históricas, alcançado a partir de certas transformações de variáveis que é preciso levar em consideração universalmente (ou, pelo menos, no conjunto das sociedades diferenciadas), para explicar a diferenciação constitutiva do espaço social, é preciso, em primeiro lugar, romper com a propensão ao pensamento substancialista e ingenuamente realista que, ao invés de preocupar-se com relações, preocupa-se com realidades fenomênicas nas quais elas se manifestam — e que impede assim de reconhecer a mesma oposição entre dominantes e dominados quando, em países diferentes, ou, no mesmo país, em momentos diferentes, ela se inscreve em práticas fenomenicamente diferentes: por exemplo, a prática do tênis que, até uma época recente (e ainda à época na qual foi feita a pesquisa que serviu de base para *La distinction*), estava reservada (pelo menos na França) aos ocupantes das posições mais altas no espaço social, tornou-se bem mais comum, ainda que as diferenças sejam mantidas, mas no nível dos lugares, dos momentos e das formas da prática. Poderíamos multiplicar exemplos semelhantes, tirados de todos os universos da prática e do consumo.

Portanto, é preciso construir o espaço social como estrutura de posições diferenciadas, definidas, em cada caso, pelo lugar que ocupam na distribuição de um tipo específico de capital. (Nessa lógica, as classes sociais são apenas classes lógicas, determinadas, em teoria e, se se pode dizer assim, no papel, pela delimitação de um conjunto — relativamente — homogêneo de agentes que ocupam posição idêntica no espaço social; elas não podem se tornar classes mobilizadas e atuantes, no sentido da tradição marxista, a não ser por meio de um trabalho propriamente político de construção, de fabricação — no sentido que E.P. Thompson fala em *The making of the English working class* — cujo êxito pode ser favorecido, mas não determinado, pela pertinência à mesma classe sócio-lógica.)

Para construir o espaço social no caso da França, era preciso, e bastava, levar em conta os diferentes tipos de capital cuja distribuição determina a estrutura do espaço social. Dado que o capital econômico e o capital cultural têm, nesse caso, um peso importante, o espaço social organiza-se de acordo com três dimensões fundamentais: na primeira dimensão, os agentes distribuem-se de acordo com o volume global do capital possuído, aí incluídos todos os tipos; na segunda, de acordo com a estrutura desse capital, isto é, de acordo com o peso relativo do capital econômico e do capital cultural no conjunto de seu patrimônio; na terceira, de acordo com a evolução, no tempo, do volume e da estrutura de seu capital. Dada a correspondência que se estabelece entre o espaço de posições ocupadas no espaço social e o espaço de disposições (ou de *habitus*) de seus ocupantes e também, por intermediação dessas últimas, o espaço de tomadas de posição, o modelo funciona como princípio de classificação adequado: as classes que podemos produzir recortando as regiões do espaço social agrupam agentes tão homogêneos quanto possível, não apenas do ponto de vista de suas condições de existência, mas também do ponto de vista de suas práticas culturais, de consumo, de suas opiniões políticas etc.

Para responder à questão colocada no início e verificar que o modelo se aplica bem ao caso da RDA, é preciso, portanto, examinar quais são os princípios de diferenciação característicos dessa sociedade (o que implica em admitir que, contrariamente ao mito da "sociedade sem classes", isto é, sem diferenças, tais princípios existem — como aliás o comprovam, de maneira evidente, os movimentos de contestação atualmente existentes no país); ou, de modo mais simples, se, no caso da RDA, encontramos todos os princípios de diferenciação (e apenas esses) encontrados no caso francês, e dotados do mesmo peso relativo. Vemos, desde logo, que uma das grandes diferenças entre os dois espaços e entre os princípios de diferenciação que os definem está no fato de que o capital econômico — a propriedade privada dos meios de produção — se encontra *oficialmente* (e, em grande parte, realmente) fora do jogo (ainda que uma forma de acesso às vantagens oferecidas alhures pelo capital econômico possa ser assegurada por outras vias). O peso relativo do capital cultural (que podemos supor ser altamente valorizado tanto na tradição alemã quanto na francesa ou na japonesa), portanto, aumenta.

Ainda que uma ideologia oficial de tipo meritocrático possa tentar fazer com que acreditemos nisso, é óbvio que todas as diferenças de oportunidades de apropriação de bens e de serviços escassos não podem ser racionalmente relacionadas a diferenças no capital cultural e no capital escolar que se possui. Assim, é preciso levantar a hipótese de que existe um outro princípio de diferenciação, um outro tipo de capital, cuja distribuição desigual está na base das diferenças constatadas, particularmente no consumo e nos estilos de vida. Estou pensando aqui no que poderíamos chamar de *capital político*, que assegura a seus detentores uma forma de apropriação privada de bens e de serviços públicos (residências, veículos, hospitais, escolas etc.). Observa-se essa patrimonialização de recursos coletivos quando, como é o caso nos países escandinavos, uma "elite" social-democrata está no poder há várias gerações: vemos então que o capital social de tipo político que se adquire nos aparelhos dos sindicatos e dos partidos transmite-se através de redes de relações familiares que levam à constituição de verdadeiras dinastias políticas. Os regimes que devemos chamar de soviéticos (antes que de comunistas) levaram ao extremo a tendência à *apropriação privada de bens e de serviços públicos* (que também se manifesta, ainda que de maneira menos intensa, no socialismo francês).

Enquanto as outras formas de acumulação são mais ou menos completamente controladas, o capital político torna-se o princípio de diferenciação principal e os membros da *Nomenklatura* política não têm outros adversários na luta pelo princípio de dominação dominante que acontece no campo do poder a não ser os detentores de capital escolar (tudo leva a supor que as mudanças recentemente ocorridas na Rússia e em outros lugares têm por base as rivalidades entre os detentores de capital político, da primeira e sobretudo da segunda geração, e os detentores de capital escolar, tecnocratas e sobretudo pesquisadores ou intelectuais, em parte membros da *Nomenklatura* política).

A introdução de um índice de capital político específico de tipo soviético (que seria preciso elaborar cuidadosamente, levando em conta não apenas a posição dos agentes na hierarquia dos aparelhos políticos, principalmente no partido comunista, mas também a antiguidade de cada agente e sua linhagem nas dinastias políticas), sem dúvida, permitiria construir uma representação do espaço social capaz de dar conta da distribuição dos poderes, dos privilégios e também dos estilos de vida. Mesmo aí, para dar conta da particularidade do caso alemão, especialmente da tonalidade meio cinzenta e uniforme das formas de sociabilidade pública, seria preciso levar em conta, mais do que a tradição puritana, o fato de que as categorias sociais que podiam oferecer modelos culturais foram dizimadas pela emigração e também, e sobretudo, pelo controle político e moral que, a partir das pretensões igualitárias do regime, é exercido sobre as manifestações exteriores da diferença.

A título de verificação, poderíamos perguntar em que medida o modelo do espaço social assim obtido seria capaz de dar conta, ainda que de maneira grosseira, dos conflitos que hoje ocorrem na RDA. Não há dúvida de que, como já sugeri, os detentores do capital escolar são, é certo, os mais inclinados à impaciência e à revolta contra os privilégios dos detentores do capital político e, também, os mais capazes de utilizar contra a *Nomenklatura* as profissões de fé igualitárias ou meritocráticas que são o fundamento da legitimidade reivindicada por ela. Mas podemos nos perguntar se aqueles que, entre os intelectuais, sonham opor um "socialismo verdadeiro" à caricatura produzida e imposta pelos homens do aparelho (especialmente aqueles que, não estando fora do aparelho, estão prontos a dar tudo a um aparelho que lhes deu tudo), serão capazes de estabelecer uma aliança verdadeira, e sobretudo duradoura, com os dominados, em particular com os trabalhadores manuais, tão sensíveis ao "efeito de demonstração" exercido pelo capitalismo comum, o da geladeira, da máquina de lavar e da Volkswagen, ou até com os empregados subalternos das burocracias do Estado que não podem encontrar no reconforto banal, cheio de lacunas gritantes, de um Estado de bem-estar social de terceira categoria, razões suficientes para recusar as satisfações imediatas, prenhes de riscos óbvios (especialmente o do desemprego), que lhes propõe uma economia liberal temperada pela ação do Estado e dos movimentos sociais.

2
O NOVO CAPITAL

Hoje, gostaria de lembrar os mecanismos extremamente complexos pelos quais a instituição escolar *contribui* (insisto nessa palavra) para reproduzir a distribuição do capital cultural e, assim, a estrutura do espaço social.[1] Às duas dimensões fundamentais desse espaço, as quais lembrei ontem, correspondem dois conjuntos de mecanismos de reprodução diferentes — cuja combinação define o *modo de reprodução* —, que fazem com que o capital puxe o capital e com que a estrutura social tenda a perpetuar-se (não sem sofrer deformações mais ou menos importantes). A reprodução da estrutura de distribuição do capital cultural se dá na relação entre as estratégias das famílias e a lógica específica da instituição escolar.

As famílias são corpos (*corporate bodies*) animados por uma espécie de *conatus*, no sentido de Spinoza, isto é, uma tendência a perpetuar seu ser social, com todos seus poderes e privilégios,

---

1. Conferência proferida na Universidade de Todai em outubro de 1989.

que é a base das *estratégias de reprodução*, estratégias de fecundidade, estratégias matrimoniais, estratégias de herança, estratégias econômicas e, por fim, estratégias educativas. Elas investem tanto mais na educação escolar (no tempo de transmissão, no apoio de qualquer tipo e, em certos casos, com dinheiro, como ocorre hoje no Japão com as instituições de forçados, que são as classes preparatórias de concursos, *juku* e *yobi-ko*) quanto mais importante for seu capital cultural e quanto maior for o peso relativo de seu capital cultural em relação a seu capital econômico e, também, quanto menos eficazes forem as outras estratégias de reprodução (particularmente, as estratégias de herança que visam à transmissão direta do capital econômico) ou relativamente menos rentáveis (como é hoje o caso do Japão desde a Segunda Guerra e, em grau menor, o da França).

Esse modelo, que pode parecer muito abstrato, permite compreender o interesse crescente que as famílias, sobretudo as famílias privilegiadas e, entre elas, as famílias de intelectuais, de professores ou de membros das profissões liberais, dedicam à educação em todos os países avançados, e no Japão mais do que em qualquer lugar; ele permite compreender também que as mais altas instituições escolares, aquelas que levam às mais altas posições sociais, sejam cada vez mais monopolizadas por crianças de categorias sociais privilegiadas, tanto no Japão quanto nos Estados Unidos ou na França. De maneira mais geral, permite compreender não apenas como as sociedades avançadas se perpetuam, mas também como elas mudam sob o efeito de contradições específicas do modo de reprodução escolar.

A escola, demônio de Maxwell?

Para termos uma visão global do funcionamento dos mecanismos de reprodução escolar, podemos, em um primeiro momento, evocar a imagem utilizada pelo físico Maxwell para explicar como a eficácia da segunda lei da termodinâmica poderia ser anulada: Maxwell imagina um demônio que faz a triagem das partículas em movimento, mais ou menos quentes, isto é, mais ou menos rápidas, que chegam até ele, enviando as mais rápidas para um recipiente cuja temperatura se eleva e as mais lentas para outro, cuja temperatura baixa. Assim fazendo, ele mantém a diferença, a ordem que, de outro modo, tenderia a desaparecer. O sistema escolar age como o demônio de Maxwell: à custa do gasto de energia necessária para realizar a operação de triagem, ele mantém a ordem preexistente, isto é, a separação entre os alunos dotados de quantidades desiguais de capital cultural. Mais precisamente, através de uma série de operações de seleção, ele separa os detentores de capital cultural herdado daqueles que não o possuem. Sendo as diferenças de aptidão inseparáveis das diferenças sociais conforme o capital herdado, ele tende a manter as diferenças sociais preexistentes.

Mas, por outro lado, ele produz dois efeitos dos quais não poderemos dar conta a não ser abandonando a (perigosa) linguagem mecânica. Instaurando uma ruptura entre os alunos das grandes escolas e os alunos das faculdades, a instituição escolar institui *fronteiras sociais* análogas àquelas que separavam a grande nobreza da pequena nobreza, e esta dos simples plebeus. Essa separação é marcada, primeiro, pelas próprias condições de vida, pela oposição entre a vida reclusa do internato e a vida livre do estudante, depois, pelo conteúdo e, sobretudo, pela organização do trabalho de preparação para os concursos: de um lado, um enquadramento mais estrito, através de formas de aprendizado mais escolares e, sobretudo, uma atmosfera de urgência e de competição que impõe a docilidade e tem uma evidente analogia com o mundo dos negócios; de outro, a "vida estudantil" que, próxima à tradição da vida boêmia, implica muito menos disciplina e regulamentação, mesmo no tempo consagrado ao trabalho; ela é marcada, por último, no e pelo concurso e pela ruptura ritual, verdadeira fronteira mágica, que ele institui ao separar o último diplomado do primeiro reprovado por uma diferença de natureza, marcada pelo direito de usar um *nome*, um *título*. Essa ruptura é uma verdadeira operação mágica, cujo paradigma é a separação entre o sagrado e o profano, tal como analisada por Durkheim.

A classificação escolar é sempre, mas particularmente nesse caso, um ato de *ordenação*, no duplo sentido da palavra. Ela institui uma diferença social de estatuto, uma *relação de ordem definitiva*: os eleitos são marcados, por toda a vida, por sua pertinência (antigo aluno de...); eles são membros de uma *ordem*, no sentido medieval do termo, e de uma ordem nobiliárquica, conjunto nitidamente delimitado (pertence-se ou não a ela) de pessoas separadas dos comuns mortais por uma diferença de essência e, assim, legitimados para dominar. É nisso que a separação operada pela escola é também uma ordenação no sentido de *consagração*, de entronização em uma categoria sagrada, em uma nobreza.

A familiaridade impede-nos de ver tudo o que se esconde em atos na aparência puramente técnicos utilizados pela instituição escolar. Assim, a análise weberiana do diploma como *Bildungspatent* e do exame como processo de seleção racional, sem ser falsa, é muito *parcial*: de fato, ela deixa escapar o aspecto mágico das operações escolares que também preenchem funções de *racionalização*, mas não no sentido de Max Weber... Os exames ou os concursos se *justificam em razão* de divisões que não necessariamente têm a racionalidade por princípio, e os títulos que sancionam seus resultados apresentam como garantia de competência técnica *certificados* de competência social, nisso muito próximos dos títulos de nobreza. Em todas as sociedades avançadas, na França, nos Estados Unidos ou no Japão, o sucesso social depende profundamente, daqui em diante, de um ato de *nominação* inicial (a imposição de um nome, comumente do de uma instituição educacional, Universidade de Todai ou de Harvard, Escola Politécnica) que consagra, através da escola, uma diferença social preexistente.

A entrega de diplomas, frequentemente feita em cerimônias solenes, é comparável à sagração do cavaleiro. A função técnica evidente, bem evidente, de formação e transmissão de uma competência técnica e de seleção dos tecnicamente mais competentes, mascara uma função social, a saber, a consagração dos detentores estatutários de competência social, do direito de dirigir, os *nisei* (segunda geração), como se diz aqui. Assim, no Japão, como na França, temos uma *nobreza escolar hereditária* de dirigentes de indústria, de grandes médicos, de altos funcionários e até de dirigentes políticos, e essa nobreza de escola comporta uma parte importante de herdeiros da antiga nobreza de sangue que *reconverteram* seus títulos nobiliárquicos em títulos escolares.

Assim, a instituição escolar, que em outros tempos acreditamos que poderia introduzir uma forma de meritocracia ao privilegiar aptidões individuais por oposição aos privilégios hereditários, tende a instaurar, através da relação encoberta entre a aptidão escolar e a herança cultural, uma verdadeira *nobreza de Estado*, cuja autoridade e legitimidade são garantidas pelo título escolar. Basta um retorno à história para perceber que o reino dessa nobreza específica, que começou vinculada ao Estado, é o resultado de um longo processo: a nobreza de Estado, na França e sem dúvida também no Japão, é um corpo que se criou ao criar o Estado, que teve de criar o Estado para criar-se como detentora do monopólio legítimo sobre o poder do Estado. A nobreza de Estado é herdeira do que na França se chama a nobreza togada — distinta da nobreza de espada — à qual se uniu, cada vez com mais frequência, através de casamentos, à medida que avançamos no tempo, devendo assim seu *status* ao capital cultural, principalmente de tipo jurídico.

Não posso relembrar aqui o conjunto da análise histórica que esbocei no último capítulo de *La noblesse d'État*, apoiando-me nos trabalhos, raramente utilizados, dos historiadores da educação, dos historiadores do Estado e dos historiadores das ideias. Ela poderia servir de base para uma comparação metódica com o processo, a meu ver bastante semelhante, apesar das diferenças aparentes, que conduziu o corpo dos samurais, do qual uma fração já se tinha transformado em burocracia letrada no decorrer do século XVII, a promover, na segunda metade do século XIX, um Estado moderno, fundado em um corpo de burocratas que associava uma origem nobre a uma forte cultura escolar e que pretendia afirmar sua independência no e pelo culto do Estado nacional diretamente enraizado no aristocratismo e em um forte sentimento de superioridade em relação aos industriais e aos comerciantes, sem falar dos políticos.

Assim, para voltar ao caso da França, vê-se que a invenção do Estado e, particularmente, das ideias de "público", de "bem comum" e de "serviço público", que são o seu centro, é inseparável da invenção de instituições que fundam o poder da nobreza de Estado e sua reprodução: como, por exemplo, as fases de desenvolvimento da instituição escolar e, especialmente, a aparição, no século XVIII, de instituições de um tipo novo, os colégios, que juntando certas frações da aristocracia e da burguesia togada em internatos, anunciavam o sistema atual das grandes escolas, e coincidem com as fases de desenvolvimento da burocracia do Estado (e secundariamente, pelo menos no século XVI, da Igreja). A autonomização do campo burocrático e a multiplicação de posições independentes dos poderes temporais e espirituais estabelecidos é acompanhada pelo desenvolvimento de uma burguesia e de uma nobreza togada cujos interesses, particularmente no caso da reprodução, estão intimamente ligados à escola; seja na sua arte de viver, na qual as práticas culturais têm grande importância, seja em seu sistema de valores, essa espécie de *Bildungsburgertum*, como dizem os alemães, que se define, por um lado, por oposição ao clero e, por outro, à nobreza de espada, cuja ideologia hereditária ela critica, em nome do mérito e do que mais tarde chamaremos de competência. Por último, é no âmbito dos togados que se inventa coletivamente — ainda que a história das ideias destaque nomes próprios — a ideologia moderna do serviço público, do bem comum e da coisa pública, isto é, o que temos chamado de "humanismo cívico dos funcionários" que, especialmente através dos advogados girondinos, inspirará a revolução francesa.

Assim, para se impor nas lutas que a opõem à outras frações dominantes, nobres de espada e também burgueses da indústria e dos negócios, a nova classe, cujo poder e autoridade repousam sobre o novo capital, o capital cultural, deve alçar seus interesses particulares a um grau de universalização superior, e inventar uma versão que podemos chamar de "progressista" (em contraste com as variantes aristocráticas que os funcionários alemães e os funcionários japoneses inventaram um pouco mais tarde) da ideologia do serviço público e da meritocracia: reivindicando o poder em nome do universal, nobres e burgueses togados fizeram com que a objetivação avançasse e, através dela, a eficiência histórica do universal e eles só podem servir-se do Estado que pretendem servir, servindo, ainda que modestamente, aos valores universais com os quais se identificam.

Arte ou comércio?

Poderia parar por aqui, mas quero voltar brevemente à imagem do demônio de Maxwell que utilizei no início da palestra, mas que, como todas as metáforas emprestadas da física e, particularmente, da termodinâmica, é prenhe de uma filosofia da ação falsa e de uma visão conservadora do mundo social (conforme testemunha o uso consciente ou inconsciente que fazem todos aqueles que, como Heidegger, por exemplo, denunciam o "nivelamento" e a anulação progressiva das diferenças "autênticas" na banalidade achatada e insípida dos valores "médios"). De fato, os agentes sociais, alunos que escolhem uma escola ou uma disciplina, famílias que escolhem uma instituição para seus filhos etc., não são partículas submetidas a forças mecânicas, agindo sob a pressão de *causas,* nem tampouco sujeitos conscientes e conhecedores, obedecendo a *razões* e agindo com pleno *conhecimento de causa,* conforme acreditam os defensores da *Rational Action Theory* (poderia mostrar, se tivesse tempo, que essas filosofias, em aparência totalmente opostas, de fato se confundem já que, se o conhecimento da ordem das coisas e das causas é perfeito e se a escolha é inteiramente lógica, não se vê no que seja diferente da submissão pura e simples às forças do mundo e, como consequência, qual a margem de escolha que resta).

Os "sujeitos" são, de fato, agentes que atuam e que sabem, dotados de um *senso prático* (título que dei ao livro no qual desenvolvo essa análise), de um sistema adquirido de preferências, de princípios de visão e de divisão (o que comumente chamamos de gosto), de estruturas cognitivas duradouras (que são essencialmente produto da incorporação de estruturas objetivas) e de esquemas de ação que orientam a percepção da situação e a resposta adequada. O *habitus* é essa espécie de senso prático do que se deve fazer em dada situação — o que chamamos, no esporte, o senso do jogo, arte de *antecipar* o futuro do jogo inscrito, em esboço, no estado atual do jogo. Para dar um exemplo no âmbito da educação, o senso do jogo torna-se cada vez mais necessário à medida que, como é o caso na França e também no Japão, as escolas se diversificam e se misturam (como escolher entre um estabelecimento de renome em declínio e uma escola inferior em ascensão?). Os movimentos da bolsa de valores escolar são difíceis de antecipar e aqueles que podem se beneficiar, através da família, dos pais, irmãos ou irmãs etc., ou de suas relações, de uma informação sobre os circuitos de formação e seu rendimento diferenciado, atual e virtual, podem alocar melhor seus investimentos escolares e obter o melhor lucro de seu capital cultural. Essa é uma das mediações através das quais o sucesso escolar — e social — se vincula à origem social.

Dito de outra maneira, as "partículas" que avançam em direção ao "demônio" trazem nelas mesmas, isto é, em seu *habitus*, a lei de sua direção e de seu movimento, o princípio da "vocação" que as orienta em direção a tal instituição ou a qual disciplina. Fiz uma longa análise a respeito de como, no capital dos adolescentes (ou de suas famílias), o peso relativo do capital econômico e do capital cultural (o que chamo de estrutura do capital) é retraduzido em um sistema de referências que os leva a privilegiar seja a arte em detrimento do dinheiro, as coisas da cultura em detrimento das questões de poder etc., seja o inverso; como essa estrutura de capital, por meio do sistema de preferências que ela produz, encoraja-os a se orientar, em suas escolhas escolares e sociais, em direção a um ou outro polo do campo do poder, o polo intelectual ou o polo dos negócios, e a adotar as práticas e as opiniões correspondentes (compreende-se assim o que só parece dado porque estamos habituados a isso, isto é, que os alunos da escola normal, futuros professores ou intelectuais, digam-se de esquerda, leiam revistas intelectuais, vão muito ao teatro e ao cinema, pouco praticam o esporte etc., ao passo que os alunos da HEC – Hautes Études Commerciales – digam-se de direita, dediquem-se intensamente aos esportes etc.).

Do mesmo modo, no lugar do demônio, há, entre outras coisas, milhares de professores que aplicam aos estudantes categorias de percepção e de avaliação estruturadas de acordo com os mesmos princípios (não posso desenvolver aqui a análise que fiz das categorias de entendimento dos professores, e dos pares de adjetivos, tais como brilhante/sério, que os mestres utilizam, para julgar a produção de seus estudantes e todos os seus modos de ser e de fazer). Dito de outra forma, a ação do sistema escolar é resultante de ações mais ou menos grosseiramente orquestradas de milhares de pequenos demônios de Maxwell que, por suas escolhas ordenadas de acordo com a ordem objetiva (as estruturas estruturantes são, como tenho lembrado, estruturas estruturadas), tendem a reproduzir essa ordem sem saber, ou querer.

Mas a metáfora do demônio é perigosa também porque favorece o fantasma da conspiração, que comumente ronda o pensamento crítico, a ideia de que uma vontade malévola seria responsável por tudo o que ocorre de melhor e, sobretudo, de pior, no mundo social. Se o que vamos descrever como um *mecanismo*, por imposição da comunicação, é vivido, às vezes, como uma espécie de *máquina infernal* (falamos muito do "inferno do sucesso"), como uma engrenagem trágica, exterior e superior aos agentes, é porque cada um dos agentes, para existir, é de certa forma constrangido a participar de um jogo que lhe impõe esforços e sacrifícios imensos.

Acho mesmo que a ordem social que garante o modo de reprodução na sua feição escolar faz com que, mesmo aqueles que dele mais se beneficiam atualmente, sofram uma tensão comparável àquela que a sociedade de corte, tal como descrita por Elias, impunha àqueles que tinham o privilégio extraordinário de fazerem parte dela: "Em última análise, era a necessidade dessa luta pelas oportunidades de poder, posição e prestígio, sempre ameaçados, que, a partir da própria existência da estrutura hierarquizada do sistema de dominação, levava os interessados a obedecer a um cerimonial de que todos se ressentiam como um fardo. Nenhuma das pessoas que compunham o grupo tinha a possibilidade de iniciar uma reforma. A menor tentativa de reforma, a menor modificação de estruturas tão precárias quanto frágeis, teria levado, infalivelmente, a pôr em questão, a diminuir ou até a abolir direitos e privilégios de indivíduos ou de famílias. Uma espécie de tabu proibia que a camada superior dessa sociedade tocasse em tais possibilidades de poder e, menos ainda, que as suprimisse. Qualquer tentativa nesse sentido teria mobilizado contra ela amplos nichos de privilegiados que temiam, mesmo que equivocadamente, que as estruturas de poder que lhes conferiam tais privilégios estivessem em perigo de ceder ou desaparecer se se tocasse no menor detalhe da ordem estabelecida. Assim, nada mudou."[2] No

---

2. Norbert Elias, *La société de cour*. Paris, Flammarion, 1985, p. 330. (Tradução brasileira: *A sociedade de corte*. Jorge Zahar, 2001.)

Japão, como na França, os pais extenuados, os jovens fatigados, os empregadores desiludidos com o produto de um ensino que acham mal-adaptado, são as vítimas impotentes de um mecanismo que não é mais do que o efeito acumulado de suas estratégias engendradas e produzidas pela lógica da competição de todos contra todos.

Para liquidar também com a representação mutilada e caricatural que alguns analistas mal-inspirados ou mal-intencionados apresentaram de meus trabalhos, seria preciso ter tempo para demonstrar aqui como a lógica do modo de reprodução na sua feição escolar — especialmente sua característica *estatística* — e as *contradições* que o caracterizam, podem estar, ao mesmo tempo, e *sem contradição*, na base da reprodução das estruturas das sociedades avançadas e de uma série de *mudanças* que as afetam. Essas contradições (que analisei especialmente no capítulo "Classificação, desclassificação, reclassificação" de *La distinction*[3]), sem dúvida, constituem o princípio invisível de certos conflitos políticos característicos do período recente, como o movimento de maio de 1968 que, pelas mesmas causas produzindo os mesmos efeitos, sacudiu quase simultaneamente, sem que possamos supor influências diretas, a universidade francesa e a universidade japonesa. Em outro trabalho, ao qual dei o nome, um pouco zombeteiramente, de *Homo academicus*, analisei detidamente os fatores que determinaram a crise do mundo escolar da qual o movimento de maio era a expressão visível: produção excessiva de diplomados e desvalorização de diplomas (dois fenômenos que, a acreditar no que tenho lido, também afetam o Japão), desvalorização das posições universitárias, especialmente as subalternas, que se multiplicaram sem que as carreiras se tenham ampliado na mesma proporção, dada a estrutura arcaica da hierarquia universitária (também aí, gostaria de fazer uma pesquisa comparativa a respeito das formas que as relações entre o tempo e o poder universitário, que analisei na França, tomam no Japão).

---

3. Cf . *La distinction*, pp. 147-185.

Acredito que é nas transformações do campo escolar e, sobretudo, das relações entre o campo escolar e o campo econômico, na transformação da correspondência entre os títulos escolares e os cargos, que se encontraria o verdadeiro fundamento dos novos movimentos sociais que surgiram na França, no prolongamento de 1968, e mais recentemente, como o novo fenômeno das "coordenações" e que, a crer nos autores que leio, começa também a se manifestar na Alemanha e no Japão, especialmente entre os trabalhadores jovens, menos devotados do que seus antepassados à ética tradicional do trabalho. Do mesmo modo, as mudanças políticas observadas na União Soviética, e ensaiadas na China, não deixam de estar vinculadas ao crescimento considerável da fração da população desses países que passou pelo ensino superior e às contradições subsequentes, começando pelo centro mesmo do campo do poder.

Mas seria preciso examinar também a relação entre a nova delinquência escolar, mais desenvolvida no Japão do que na França, a lógica da competição obrigatória que domina a instituição escolar, especialmente o *efeito de destino* que o sistema escolar exerce sobre os adolescentes: é frequentemente com uma grande brutalidade psicológica que a instituição escolar impõe seus julgamentos totais e seus vereditos sem apelação, que classificam todos os alunos em uma hierarquia única de formas de excelência — dominadas atualmente por uma disciplina, a matemática. Os excluídos são condenados em nome de um critério coletivamente reconhecido e aprovado, portanto, psicologicamente indiscutível e indiscutido, o da inteligência: assim, para restaurar uma identidade ameaçada, eles com frequência não têm outro recurso a não ser as rupturas brutais com a ordem escolar e a ordem social (na França, tem sido observado que é na revolta contra a escola que se define e se consolida uma série de bandos de delinquentes) ou, como também ocorre, a crise psíquica, isto é, a doença mental ou o suicídio.

Por fim, seria preciso analisar todas as disfunções técnicas que, do próprio ponto de vista do sistema, isto é, do ponto de vista do estrito rendimento técnico (na instituição escolar e além dela), resultam do primado atribuído às estratégias de *reprodução social*: cito como exemplo apenas o estatuto inferior que é objetivamente atribuído pelas famílias ao ensino técnico e o privilégio que elas atribuem ao ensino geral. É provável que, tanto no Japão como na França, os grandes dirigentes, eles mesmos originários das grandes universidades públicas no Japão, ou das grandes escolas na França, defensores da revalorização de um ensino técnico reduzido ao estado de refugo ou de lixeira (e, especialmente no Japão, vítima da concorrência do ensino empresarial), considerariam uma catástrofe a relegação de seus filhos ao ensino técnico. A mesma contradição aparece na ambivalência desses dirigentes em relação a um sistema de ensino ao qual eles devem, se não sua posição, pelo menos a autoridade e a legitimidade com que a ocupam: como se quisessem ter os benefícios técnicos da ação escolar sem assumir seus custos sociais — tais como as exigências e garantias associadas à posse de títulos que podem ser chamados universais, por oposição aos títulos "internos" oferecidos pelas empresas — eles privilegiam o ensino privado e apoiam ou inspiram todas as iniciativas políticas que visam reduzir a autonomia da instituição escolar e a liberdade do corpo docente: eles demonstram a maior ambiguidade no debate sobre a especialização do ensino, como se quisessem ter a vantagem de todas as escolhas, os limites e as garantias associados a um ensino altamente especializado e a abertura e a disponibilidade favorecidas por um ensino de cultura geral, adequado a desenvolver as capacidades de adaptação convenientes aos funcionários móveis e "flexíveis", ou, ainda, a segurança e a certeza, objetivo dos "jovens senhores" egressos da ENA (École Nationale d'Administration) ou de Todai, administradores equilibrados de situações de equilíbrio, e a audácia dos "jovens lobos" egressos das fileiras, supostamente mais bem-adaptados aos tempos de crise.

Mas, se é permitido ao sociólogo, ao menos uma vez, fazer previsões, é sem dúvida na relação cada vez mais tensa entre a grande e a pequena nobreza de Estado que reside o princípio dos grandes conflitos do futuro: de fato, tudo leva a crer que, opondo-se aos velhos egressos das grandes escolas na França e das grandes universidades públicas no Japão, que tendem cada vez mais a monopolizar duradouramente todas as grandes posições de poder, nos bancos, na indústria, na política, os detentores de títulos de segunda ordem, pequenos samurais da cultura, serão sem dúvida levados a invocar, em suas lutas pela ampliação do grupo no poder, novas justificativas universalistas, como fizeram, na França do século XVI e até o início da revolução francesa, os pequenos nobres provinciais ou, no século XIX, os pequenos samurais excluídos que lideraram, em nome "da liberdade e dos direitos civis", a revolta contra a reforma Meiji.

APÊNDICE
ESPAÇO SOCIAL E CAMPO DO PODER[4]

Por que me parece necessário e legítimo introduzir no léxico da sociologia as noções de espaço social e de campo de poder? Em primeiro lugar, para romper com a tendência de pensar o mundo social de maneira substancialista. A noção de *espaço* contém, em si, o princípio de uma apreensão *relacional* do mundo social: ela afirma, de fato, que toda a "realidade" que designa reside na *exterioridade mútua* dos elementos que a compõem. Os seres aparentes, diretamente visíveis, quer se trate de indivíduos quer de grupos, existem e subsistem na e pela *diferença*, isto é, enquanto ocupam *posições relativas* em um espaço de relações que, ainda

---

4. Conferência proferida na Universidade de Wisconsin à Madison, Estados Unidos, em abril de 1989.

que invisível e sempre difícil de expressar empiricamente, é a realidade mais real (*ens realissimum*, como dizia a escolástica) e o princípio real dos comportamentos dos indivíduos e dos grupos. O objetivo principal da ciência social não é o de construir classes. O problema da classificação, que toda a ciência enfrenta, só se coloca de modo tão dramático para as ciências do mundo social porque se trata de um problema político que, na prática, surge na lógica da luta política todas as vezes que se quer construir grupos reais, por meio da mobilização, cujo paradigma é a ambição marxista de construir o proletariado como força histórica ("Proletários de todos os países, *uni-vos*"). Marx, sábio e homem de ação, propôs soluções teóricas falsas — como a existência real das classes — para um problema prático verdadeiro: a necessidade, em toda ação política, de reivindicar a capacidade, real ou suposta, em todo caso *crível*, de exprimir os interesses de um grupo; de manifestar — e essa é uma das funções principais das manifestações — a existência desse grupo e a força real ou virtual que ele pode dar àqueles que o expressam, e assim o constituem como grupo. Assim, falar de espaço social é resolver, ao fazê-lo desaparecer, o problema da existência e da não existência das classes que, desde sua origem, divide os sociólogos: podemos negar a existência das classes sem negar o essencial do que os defensores da noção acreditam afirmar através dela, isto é, a *diferenciação social*, que pode gerar antagonismos individuais e, às vezes, enfrentamentos coletivos entre os agentes situados em posições diferentes no espaço social.

A ciência social não deve construir classes, mas sim espaços sociais no interior dos quais as classes possam ser recortadas — mas que existem apenas no papel. Ela deve, em cada caso, *construir e descobrir* (para além da oposição entre o construcionismo e o realismo) o princípio de diferenciação que permite reengendrar teoricamente o espaço social empiricamente observado. Nada permite supor que esse princípio de diferenciação seja o mesmo em todas as épocas e em todos os lugares, na China Ming e na China contemporânea, ou na Alemanha, na Rússia e na Argélia contemporâneas. Mas, com exceção das sociedades menos diferenciadas (que ainda assim apresentam diferenças, mais difíceis de medir, de acordo com o capital simbólico), todas as sociedades se apresentam como espaços sociais, isto é, estruturas de diferenças que não podemos compreender verdadeiramente a não ser construindo o princípio gerador que funda essas diferenças na objetividade. Princípio que é o da estrutura da distribuição das formas de poder ou dos tipos de capital eficientes no universo social considerado — e que variam, portanto, de acordo com os lugares e os momentos.

Essa estrutura não é imutável e a topologia que descreve um estado de posições sociais permite fundar uma análise dinâmica da conservação e da transformação da estrutura da distribuição das propriedades ativas e, assim, do espaço social. É isso que acredito expressar quando descrevo o espaço social global como um *campo*, isto é, ao mesmo tempo, como um campo de forças, cuja necessidade se impõe aos agentes que nele se encontram envolvidos, e como um campo de lutas, no interior do qual os agentes se enfrentam, com meios e fins diferenciados conforme sua posição na estrutura do campo de forças, contribuindo assim para a conservação ou a transformação de sua estrutura.

Algo como uma classe ou, de modo mais geral, um grupo mobilizado para e pela defesa de seus interesses, não pode existir senão ao preço e ao termo de um trabalho coletivo de construção inseparavelmente teórico e prático; mas nem todos os agrupamentos sociais são igualmente prováveis e esse artefato social que é sempre um grupo social tem tanto mais oportunidades de existir e subsistir de maneira durável quanto mais os agentes que se agrupam para constituí-lo já estejam mais próximos no espaço social (o que vale também para uma unidade fundada sobre uma relação afetiva, amorosa ou amistosa, seja ela ou não socialmente sancionada). Dito de outro modo, o trabalho simbólico de *consti-*

tuição ou de consagração necessário para criar um grupo unido (imposição de nomes, de siglas, de signos de adesão, manifestações públicas etc.) tem tanto mais oportunidades de ser bem-sucedido quanto mais os agentes sociais sobre os quais ele se exerce estejam inclinados — por sua proximidade no espaço das relações sociais e também graças às disposições e interesses associados a essas posições — a se reconhecerem mutuamente e a se reconhecerem em um mesmo projeto (político ou outro).

Mas aceitar a ideia de um espaço social unificado não é estabelecer uma petição de princípio; não seria preciso nos interrogarmos sobre as condições sociais de possibilidade e os limites de tal espaço? De fato, a gênese do Estado é inseparável de um processo de unificação dos diferentes campos sociais, econômico, cultural (ou escolar), político etc., que acompanha a constituição progressiva do monopólio estatal da violência física e *simbólica* legítima. Dado que concentra um conjunto de recursos materiais e simbólicos, o Estado tem a capacidade de regular o funcionamento dos diferentes campos, seja por meio de intervenções financeiras (como, no campo econômico, os auxílios públicos a investimentos ou, no campo cultural, os apoios a tal ou qual forma de ensino), seja através de intervenções jurídicas (como as diversas regulamentações do funcionamento de organizações ou do comportamento dos agentes individuais).

Quanto à noção de campo de poder, precisei criá-la para dar conta de efeitos estruturais que não podiam ser compreendidos de outro modo: especialmente certas propriedades das práticas e das representações de escritores ou de artistas que apenas a referência ao campo literário ou artístico não permitia explicar inteiramente, como, por exemplo, a dupla ambivalência em relação ao "povo" e ao "burguês", encontrada entre escritores ou artistas que ocupam posições diferentes nesses campos e que só são inteligíveis se levarmos em conta a posição dominada que os campos de produção cultural ocupam no espaço mais amplo.

O campo do poder (que não deve ser confundido com o campo político) não é um campo como os outros: ele é o espaço de relações de força entre os diferentes tipos de capital ou, mais precisamente, entre os agentes suficientemente providos de um dos diferentes tipos de capital para poderem dominar o campo correspondente e cujas lutas se intensificam sempre que o valor relativo dos diferentes tipos de capital é posto em questão (por exemplo, a "taxa de câmbio" entre o capital cultural e o capital econômico); isto é, especialmente quando os equilíbrios estabelecidos no interior do campo, entre instâncias especificamente encarregadas da reprodução do campo do poder (no caso francês, o campo das grandes escolas), são ameaçados.

Um dos alvos das lutas que opõem o conjunto dos agentes ou das instituições que têm em comum o fato de possuírem uma quantidade de capital específico (econômico ou cultural, especialmente), suficiente para ocupar posições dominantes no interior de seus campos respectivos, é a conservação ou a transformação da "taxa de câmbio" entre os diferentes tipos de capital e, do mesmo modo, o poder sobre as instâncias burocráticas que podem alterá-la por meio de medidas administrativas — por exemplo, as que podem afetar a escassez de títulos escolares que dão acesso a posições dominantes e, assim, o valor relativo desses títulos e das posições correspondentes. As forças envolvidas nessas lutas e a orientação, conservadora ou subversiva, que lhes é dada, dependem da "taxa de câmbio" entre os tipos de capital, isto é, daquilo mesmo que essas lutas visam conservar ou transformar.

A dominação não é o efeito direto e simples da ação exercida por um conjunto de agentes ("a classe dominante") investidos de poderes de coerção, mas o efeito indireto de um conjunto complexo de ações que se engendram na rede cruzada de limitações que cada um dos dominantes, dominado assim pela estrutura do campo através do qual se exerce a dominação, sofre de parte de todos os outros.

3
POR UMA CIÊNCIA DAS OBRAS

Os campos de produção cultural propõem, aos que neles estão envolvidos, um *espaço de possíveis* que tende a orientar sua busca definindo o universo de problemas, de referências, de marcas intelectuais (frequentemente constituídas pelos nomes de personagens-guia), de conceitos em "ismo", em resumo, todo um sistema de coordenadas que é preciso ter em mente — o que não quer dizer na consciência — para entrar no jogo.[1] É isso que estabelece a diferença, por exemplo, entre os profissionais e os amadores ou, na linguagem pictórica, os "primitivos" (como *Le Douanier* Rousseau). Esse espaço de possíveis é o que faz com que os produtores de uma época sejam ao mesmo tempo situados, datados, e relativamente autônomos em relação às determinações diretas do ambiente econômico e social: assim, por exemplo, para compreender as escolhas feitas pelos diretores de teatro contemporâneos, não podemos nos contentar em relacioná-las às condi-

---
1. Conferência proferida nos *Christian Gauss Seminars in Criticism*, Universidade de Princeton, 1986.

53

ções econômicas, ao estado das subvenções ou dos ganhos, ou até ao sucesso de público; é preciso referir-se a toda a história da direção teatral, desde 1880, no decorrer da qual se constituiu a problemática específica, como um universo de pontos em discussão e um conjunto de elementos constitutivos do espetáculo sobre os quais um diretor teatral digno desse nome deve assumir uma posição.

Esse espaço de possíveis, que transcende os agentes singulares, funciona como uma espécie de sistema comum de coordenadas que faz com que, mesmo que não se refiram uns aos outros, os criadores contemporâneos estejam objetivamente situados uns em relação aos outros.

A reflexão sobre a literatura não escapa a essa lógica e gostaria de tentar esmiuçar o que me parece ser o espaço dos modos possíveis de analisar as obras culturais, buscando a cada exemplo explicitar seus pressupostos teóricos. Para levar às últimas consequências o método que estabelece a existência de uma relação inteligível entre as tomadas de posição (as escolhas dentre os possíveis) e as posições no campo social, deveria apresentar os elementos sociológicos necessários em cada caso para a compreensão de como os diferentes especialistas estão distribuídos entre as diferentes abordagens; porque, dentre os diferentes métodos possíveis, eles se apropriam de uns e não de outros. Mas não vou fazê-lo, ainda que isso não seja o mais difícil (esbocei, por exemplo, essas relações na análise do debate Barthes-Picard, em *Homo academicus*).

A obra como texto

Uma primeira e bem-conhecida divisão é a que opõe as *explicações externas* e as *interpretações internas* (no sentido de Saussure, quando fala de "linguística interna") ou formais. A leitura interna, em sua forma mais comum, é feita por *lectores*, quero dizer, professores de literatura, de todos os países. Na medida em que é apoiada por toda a lógica da instituição universitária — a situação é ainda mais clara em filosofia — ela não tem necessidade de se constituir em corpo de doutrina e pode permanecer no estado de *doxa*. O *New Criticism*, que teve o mérito de dar-lhe uma expressão explícita, apenas constituiu em teoria os pressupostos da leitura "pura", fundada sobre a absolutização do texto, de uma literatura "pura". Os pressupostos, historicamente constituídos, inerentes à produção "pura" — especialmente no caso da poesia — encontram assim uma expressão no próprio campo literário, na Inglaterra, com o T.S. Eliot de *The sacred wood* e, na França, com a *Nouvelle Revue Française*, especialmente em Paul Valéry: as obras culturais são concebidas como significações atemporais e formas puras que pedem uma leitura puramente interna e a-histórica, que exclui qualquer referência, tida como "redutora" e "grosseira", a determinações históricas ou a funções sociais.

De fato, se quisermos transformar em teoria, a qualquer preço, essa tradição formalista que despreza fundamentos, já que está enraizada na *doxa* institucional, parece-me que podemos olhar em duas direções. Podemos invocar a teoria neokantiana das formas simbólicas ou, de maneira mais geral, todas as tradições que pretendem descobrir estruturas antropológicas universais (como a mitologia comparada) ou recuperar as formas universais da razão poética ou literária, as estruturas a-históricas que estão na base da construção poética do mundo (por exemplo, a "essência" do poético, do símbolo, da metáfora etc.).

Segundo fundamento possível, a teoria estruturalista é bem mais pujante, intelectual e socialmente. Socialmente, ela assumiu o controle da *doxa* internalista e conferiu uma aura de cientificidade à leitura interna como desmonte formal de textos atemporais. A hermenêutica estruturalista trata as obras culturais (língua, mitos e, por extensão, obras de arte) como estruturas estruturadas sem sujeito estruturante que, como na língua saussuriana, são realizações históricas particulares e, portanto, devem ser decifradas como tais, mas sem qualquer referência às condições econômicas ou sociais de produção da obra ou dos produtores da obra (como o sistema escolar).

O mérito de Michel Foucault é o de ter feito o que me parece ser a única formulação rigorosa (juntamente com os formalistas russos) do projeto estruturalista em termos de análise de obras culturais. O estruturalismo simbólico, tal como expresso por ele, retém o que é, sem dúvida, essencial em Saussure, isto é, o primado das relações: "A língua, diz Saussure, em uma linguagem próxima do Cassirer de *Substanzbegriff und Funktionsbegriff*, é forma e não substância." Consciente de que nenhuma obra existe por si mesma, isto é, fora das relações de interdependência que a vinculam a outras obras, Michel Foucault propõe chamar de "campo de possibilidades estratégicas" o "sistema regrado de diferenças e de dispersões" no interior do qual cada obra singular se define.[2] Mas, próximo dos semiólogos e dos usos que eles puderam fazer, com Trier, por exemplo, de uma noção como a de "campo semântico", ele recusa buscar fora da ordem do discurso o princípio de elucidação de cada um dos discursos que aí se encontram inseridos: "Se a análise dos fisiocratas faz parte dos mesmos discursos que a dos utilitaristas, não é porque eles viveram na mesma época, não é porque eles se enfrentaram no interior de uma mesma sociedade, não é porque seus interesses se confundiam em uma mesma economia, é porque as duas opções provinham de uma mesma e única distribuição de pontos de escolha, de um único e mesmo campo estratégico."[3]

---

2. Refiro-me aqui a um texto que é, sem dúvida, a expressão mais clara dos pressupostos teóricos desse momento na obra de Foucault: "Réponse au cercle d'épistémologie", *Cahiers pour l'analyse* 9 (verão de 1968), pp. 9-40, especialmente p. 40. (Tradução brasileira: "Resposta ao círculo epistemológico", *in*: M. Foucault et al. *Estruturalismo e teoria da linguagem*. Petrópolis, Vozes, 1971.)
3. *Ibidem*, p. 29.

Portanto, o que os produtores culturais têm em comum é um sistema de referências comuns, marcas comuns, em resumo, algo como o que chamei ainda há pouco de espaço de possíveis. Mas Foucault, aí fiel à tradição saussuriana e à ruptura completa que ela opera entre a linguística interna e a linguística externa, afirma a autonomia absoluta desse "campo de possibilidades estratégicas", que ele chama de *episteme* e, muito logicamente, recusa como "ilusão doxológica" a pretensão de encontrar no que chama de "o campo da polêmica" e nas "divergências de *interesses* ou de *hábitos mentais* entre os indivíduos" (não posso deixar de me sentir visado...) o princípio explicativo do que se passa no "campo das possibilidades estratégicas". Dito de outro modo, Michel Foucault transfere para o céu das ideias, por assim dizer, as oposições e os antagonismos que se enraízam nas relações entre os produtores e os que se utilizam das obras analisadas.

Não se trata de negar, evidentemente, a determinação específica exercida pelo espaço dos possíveis, já que uma das funções da noção de campo relativamente autônomo, dotado de uma história própria, é dar conta disso; entretanto, não é possível tratar a ordem cultural, a *episteme*, como um sistema totalmente autônomo: quanto mais não seja, porque assim ficamos impedidos de dar conta das mudanças que ocorrem nesse universo separado, a menos que lhe atribuamos uma propensão imanente a se transformar, como em Hegel, por uma forma misteriosa de *Selbstwegung*. (Foucault, como tantos outros, sucumbe a essa forma de essencialismo ou, se quisermos, de fetichismo manifesto em tantos outros domínios, particularmente no caso da matemática: aqui é preciso seguir Wittgenstein, que lembra que as verdades matemáticas não são essências eternas saídas prontas do cérebro humano, mas produtos históricos de um certo tipo de trabalho histórico, feito de acordo com as regras e as regularidades específicas desse mundo social particular que é o campo científico.)

A mesma crítica vale contra os formalistas russos: como Foucault, que utilizou a mesma fonte, eles apenas consideram o sistema de obras, a rede de relações entre os textos, a *intertextualidade*; e, como ele, são obrigados a encontrar no próprio sistema dos textos o princípio de sua dinâmica. Tynianov, por exemplo, afirma explicitamente que tudo o que é literário só pode ser determinado pelas condições anteriores do sistema literário (Foucault diz o mesmo em relação às ciências). Eles fazem do processo de "automatização" ou de "desautomatização" uma espécie de lei natural, análoga a um efeito de desgaste mecânico, de mudança poética.

A redução ao contexto

Voltarei a esse ponto. Passo agora à análise externa que, pensando a relação entre o mundo social e as obras culturais na lógica do *reflexo*, vincula diretamente as obras às características sociais dos autores (à sua origem social) ou dos grupos que eram seus destinatários reais ou supostos, e cujas expectativas eles supostamente atendem. Como se vê no exemplo que considero o mais favorável, isto é, a análise que Sartre consagrou a Flaubert, o método biográfico se esgota em buscar nas características da existência singular do autor os princípios explicativos que só podem se revelar se levarmos em conta, enquanto tal, o microcosmo literário no qual ele está inserido.

A análise estatística, que procura estabelecer as características estatísticas da população dos escritores em diferentes momentos, ou das diferentes categorias de escritores (escolas, gêneros etc.) em um momento dado, não é muito melhor: de fato, ela frequentemente aplica, a populações *pré-construídas*, princípios de classificação também pré-construídos. Para assegurar um mínimo de rigor, seria preciso primeiro estudar, como fez Francis Haskell com a pintura, a história do processo de constituição de *listas* de autores sobre os quais o estatístico trabalha, isto é, o *processo de canonização* e de hierarquização que leva a delimitar o que é, em um dado momento, a população de escritores consagrados. Por outro lado, seria preciso estudar a gênese dos sistemas de classificação, nomes de épocas, de "gerações", de escolas, de "movimentos", de gêneros etc., que utilizamos na avaliação estatística e que são, na própria realidade, instrumentos e alvos de lutas. Sem proceder a tal genealogia crítica, estamos expostos a enfatizar na pesquisa o que é problemático na realidade: por exemplo, os limites da população de escritores, isto é, aqueles que são reconhecidos pelos mais reconhecidos dos escritores como tendo o direito de se dizerem escritores (o mesmo vale se quisermos fazer um estudo dos historiadores ou dos sociólogos). Além disso, se não procedermos a uma análise das divisões reais do campo, arriscamos, por efeito dos reagrupamentos que a lógica da análise estatística impõe, destruir as coesões reais e, assim, as relações estatísticas realmente fundadas que apenas uma análise estatística armada de um conhecimento da estrutura específica do campo poderia apreender. Isso sem falar dos efeitos que pode ter um uso imprudente da amostragem aleatória (que valor teria uma amostra de escritores dos anos 50 da qual Sartre estivesse ausente?).

Mas os estudos mais típicos do modo de análise externa são as pesquisas de inspiração marxista que, em autores tão diferentes como Lukacs, Goldmann, Borkenau (tratando da gênese do pensamento mecanicista), Antal (tratando da pintura florentina) ou Adorno (tratando de Heidegger), tentam relacionar as obras à visão de mundo ou aos interesses sociais de uma classe social. Nesse caso, pressupõe-se que compreender a obra é compreender a visão de mundo do grupo social que estaria sendo expressa através do artista, agindo como uma espécie de médium. Seria preciso examinar os pressupostos, extremamente ingênuos, dessas imputações de paternidade espiritual que acabam por supor que um grupo pode agir *diretamente* como causa determinante ou causa final (função) sobre a produção da obra. Mas, mais profundamente, supondo que possamos chegar a determinar as funções sociais da obra, isto é, os grupos e os "interesses" a que ela "serve" ou que ela exprime, teríamos avançado, por pouco que fosse, na compreensão da estrutura da obra? Dizer que a religião é o "ópio do povo" não ensina grande coisa sobre a *estrutura* da mensagem religiosa: e, posso dizê-lo já, antecipando a lógica de minha exposição, é a estrutura da mensagem que é condição de realização da função, se há função.

Foi contra essa espécie de curto-circuito redutor que desenvolvi a teoria do campo. De fato, a atenção exclusiva às funções levava a ignorar a questão da lógica interna dos objetos culturais, sua estrutura como *linguagens*; mas, mais profundamente, levava a esquecer os grupos que produzem esses objetos (padres, juristas, intelectuais, escritores, poetas, artistas, matemáticos etc.) através dos quais eles também preenchem funções. É aqui que Max Weber, com sua teoria dos agentes religiosos, é de grande ajuda. Mas se, de fato, ele tem o mérito de reintroduzir os especialistas, seus interesses específicos, isto é, as funções que sua atividade e seus produtos, doutrinas religiosas, *corpus* jurídicos etc., preenchem para eles, ele não percebeu que os universos dos clérigos são *microcosmos* sociais, campos que têm suas próprias estruturas e suas próprias leis.

O *microcosmo literário*

É preciso, de fato, aplicar o modo de pensar relacional ao espaço social dos produtores: o microcosmo social, no qual se produzem obras culturais, campo literário, campo artístico, campo científico etc., é um espaço de relações objetivas entre posições — a do artista consagrado e a do artista maldito, por exemplo — e não podemos compreender o que ocorre a não ser que situemos cada agente ou cada instituição em suas relações objetivas com todos os outros. É no horizonte particular dessas relações de força específicas, e de lutas que têm por objetivo conservá-las ou transformá-las, que se engendram as estratégias dos produtores, a forma de arte que defendem, as alianças que estabelecem, as escolas que fundam, e isso por meio dos interesses específicos que são aí determinados.

As determinações externas invocadas pelos marxistas — por exemplo, o efeito das crises econômicas, das transformações técnicas ou das revoluções políticas — só podem exercer-se pela intermediação das transformações da estrutura do campo resultantes delas. O campo exerce um efeito de *refração* (como um prisma): portanto, apenas conhecendo as leis específicas de seu funcionamento (seu "coeficiente de refração", isto é, seu *grau de autonomia*) é que se pode compreender as mudanças nas relações entre escritores, entre defensores dos diferentes gêneros (poesia, romance e teatro, por exemplo) ou entre diferentes concepções artísticas (a arte pela arte e a arte social, por exemplo), que aparecem, por exemplo, por ocasião de uma mudança de regime político ou de uma crise econômica.

Posições e tomadas de posição

Mas, alguém pode perguntar, o que aconteceu com as obras em tudo isso? Será que não perdemos pelo caminho a contribuição mais sutil feita pelos defensores da leitura interna? A lógica de funcionamento dos campos faz com que os diferentes possíveis, constitutivos do espaço dos possíveis em um momento dado do tempo, possam aparecer aos agentes e aos analistas como incompatíveis de um ponto de vista lógico, quando o são apenas de um ponto de vista sociológico: é especialmente o caso dos diferentes métodos de análise das obras que examinei. A lógica da luta, e da divisão em campos antagônicos, que divergem a respeito de possíveis objetivamente oferecidos — até que, no limite, cada um não vê ou não quer ver mais do que uma pequena fração deles — pode fazer com que pareçam inconciliáveis opções que, em certos casos, nada separa logicamente. Dado que cada campo se coloca ao se opor, ele não pode perceber os limites que impõe a si mesmo no próprio ato de constituir-se. Isso se vê bem no exemplo de Foucault que, para construir o que chamo de espaço de possíveis, crê-se obrigado a excluir o espaço social (o microcosmo artístico, literário ou científico) do qual esse espaço é a expressão. Frequentemente, como aqui, o único obstáculo à superação e à síntese são os antagonismos sociais que sustentam as oposições teóricas e os interesses vinculados a esses antagonismos.

Podemos, assim, conservar tudo o que foi adquirido e todas as exigências das abordagens internalistas e externalistas, formalistas e sociologizantes, pondo em relação o espaço das obras (isto é, das formas, dos estilos etc.), concebido como um campo de tomadas de posição que só podem ser compreendidas relacionalmente, à maneira de um sistema de fonemas, isto é, como um sistema de separações diferenciais, e o espaço das escolas ou dos autores, concebido como sistema de posições diferenciais no campo da produção. Para compreender melhor, simplificando muito e correndo o risco de chocar, podemos dizer que os autores, as escolas, as revistas etc. existem nas e pelas diferenças que as separam. E lembrar, mais uma vez, a fórmula de Benveniste: "Ser distinto, ser significativo, é a mesma coisa."

Ficam assim, de saída, resolvidos vários problemas fundamentais e em primeiro lugar o problema da mudança. Por exemplo, o motor do processo de "banalização" e de "desbanalização", que os formalistas russos descrevem, não está inscrito nas próprias obras, mas na oposição, constitutiva de todos os campos de produção cultural e que assume sua forma paradigmática no campo religioso, entre a *ortodoxia* e a *heresia*: é significativo que Weber, falando de religião, fale também, a propósito das funções respectivas do sacerdócio e dos profetas, de "banalização" ou de "rotinização" e de "desbanalização" ou de "desrotinização". O processo que propicia as obras é o produto da luta entre os agentes que, em função de sua posição no campo, vinculada a seu capital específico, tem interesse na conservação, isto é, na rotina e na rotinização, ou na subversão, que frequentemente toma a forma de uma volta às origens, à pureza das fontes e à crítica herética.

É certo que a orientação da mudança depende do estado do sistema de possibilidades (por exemplo, estilísticas) que são oferecidas pela história e que determinam o que é possível e impossível de fazer ou de pensar em um dado momento do tempo, em um campo determinado; mas não é menos certo que ela depende também dos interesses (frequentemente "desinteressados", no sentido econômico do termo) que orientam os agentes — em função de sua posição no polo dominante ou no polo dominado do campo — em direção a possibilidades mais seguras, mais estabelecidas, ou em direção aos possíveis mais originais entre aqueles que já estão socialmente constituídos, ou até em direção a possibilidades que seja preciso criar do nada.

A análise de obras culturais tem por objeto a *correspondência entre duas estruturas homólogas,* a estrutura das obras (isto é, dos gêneros, mas também das *formas,* dos estilos e dos temas etc.) e a estrutura do campo literário (ou artístico, científico, jurídico etc.), campo de forças que é inseparavelmente um campo de lutas. O motor da mudança nas obras culturais, na língua, na arte, na literatura, na ciência etc., reside nas lutas cujo lugar são os campos de produção correspondentes: essas lutas que visam conservar ou transformar a relação de forças instituída no campo de produção têm, evidentemente, o efeito de conservar, ou de transformar, a estrutura do campo das formas que são instrumentos e alvos nessas lutas.

As estratégias dos agentes e das instituições que estão envolvidos nas lutas literárias, isto é, suas *tomadas de posição* (específicas, isto é, estilísticas, por exemplo, ou não específicas, políticas, éticas etc.), dependem da *posição* que eles ocupem na estrutura do campo, isto é, na distribuição do capital simbólico específico, institucionalizado ou não (reconhecimento interno ou notoriedade externa), e que, através da mediação das disposições constitutivas de seus *habitus* (relativamente autônomos em relação à posição), inclina-os seja a conservar seja a transformar a estrutura dessa distribuição, logo, a perpetuar as regras do jogo ou a subvertê-las. Mas essas estratégias, através dos alvos da luta entre os dominantes e os pretendentes, as questões a propósito das quais eles se enfrentam, também dependem do estado da problemática legítima, isto é, do espaço de possibilidades herdado de lutas anteriores, que tende a definir o espaço de tomadas de posição possíveis e a orientar assim a busca de soluções e, em consequência, a evolução da produção.

Vemos que a relação que se estabelece entre as posições e as tomadas de posição nada tem de uma determinação mecânica: cada produtor, escritor, artista, sábio constrói seu próprio projeto criador em função de sua percepção das possibilidades disponíveis, oferecidas pelas categorias de percepção e de apreciação, inscritas em seu *habitus* por uma certa trajetória e também em função da propensão a acolher ou recusar tal ou qual desses possíveis, que os interesses associados a sua posição no jogo lhe inspiram. Para resumir em poucas frases uma teoria complexa, eu diria que cada autor, enquanto ocupa uma posição em um espaço, isto é, em um campo de forças (irredutível a um simples agregado de pontos materiais), que é também um campo de lutas visando conservar ou transformar o campo de forças, só existe e subsiste sob as limitações estruturadas do campo (por exemplo, as relações objetivas que se estabelecem entre os gêneros); mas também que ele afirma a distância diferencial constitutiva de sua posição, seu ponto de vista, entendido como vista a partir de um ponto, assumindo uma das posições estéticas possíveis, reais ou virtuais, no campo de possíveis (tomando, assim, posição em relação a outras posições). Situado, ele não pode deixar de situar-*se*, distinguir-se, e isso, *fora de qualquer busca pela distinção*: ao entrar no jogo, ele aceita tacitamente as limitações e as possibilidades inerentes ao jogo, que se apresentam a ele como a todos aqueles que tenham a percepção desse jogo, como "coisas a fazer", formas a criar, maneiras a inventar, em resumo, como possíveis dotados de uma maior ou menor "pretensão de existir".

A tensão entre as posições, constitutiva da estrutura do campo, é também o que determina sua mudança, através de lutas a propósito de alvos que são eles próprios produzidos por essas lutas; mas, por maior que seja a autonomia do campo, o resultado dessas lutas nunca é completamente independente de fatores externos. Assim, as relações de força entre os "conservadores" e os "inovadores", os ortodoxos e os heréticos, os velhos e os "novos" (ou os "modernos") dependem fortemente do estado das lutas externas e do reforço que uns e outros possam encontrar fora — por exemplo, para os heréticos, na emergência de novas clientelas, cuja aparição frequentemente está ligada a mudanças no sistema escolar. Assim, por exemplo, o sucesso da revolução impressionista não teria sido possível, sem dúvida, não fosse o surgimento de um público de jovens artistas (os aprendizes) e de jovens escritores, determinado por uma "sobreprodução" de diplomas, resultante de transformações concomitantes do sistema escolar.

O campo no final do século

Já que não posso exemplificar concretamente esse programa de pesquisa por meio de uma descrição aprofundada de uma situação determinada do campo literário, gostaria apenas, correndo o risco de parecer simplista ou dogmático, de evocar alguns traços gerais do campo literário tal como ele se apresentava na França nos anos 1880, isto é, em um momento no qual se estabelece a estrutura desse campo tal como a conhecemos hoje.[4] A oposição

---

4. Para uma análise mais detalhada, ver P. Bourdieu. *Les règles de l'art. Genèse et structure du champ littéraire*. Paris, Seuil, 1992, pp. 165-200.

entre arte e dinheiro, que estrutura o campo do poder, reproduz-se no interior do campo literário, na forma da oposição entre arte "pura", simbolicamente dominante, mas economicamente dominada — a poesia, encarnação exemplar da arte "pura", vende pouco —, e arte comercial, sob suas duas formas, o teatro tradicional, que almeja grandes lucros e consagração burguesa (a Academia), e a arte industrial, o *vaudeville*, o romance popular (folhetim), o jornalismo, o cabaré.

Temos assim uma estrutura cruzada, homóloga à estrutura do campo do poder, que opõe, como sabemos, os intelectuais, ricos em capital cultural e (relativamente) pobres em capital econômico, e os capitães da indústria e do comércio, ricos em capital econômico e (relativamente) pobres em capital cultural. De um lado, máxima independência em relação às demandas do mercado e exaltação dos valores desinteressados; de outro, dependência direta, recompensada pelo sucesso imediato, em relação à demanda burguesa, no caso do teatro, e pequeno-burguesa, isto é, popular, no caso do *vaudeville* ou do romance-folhetim. Temos, desde já, todas as características reconhecidas da oposição entre dois subcampos, o subcampo da produção restrita, que é o mercado de si mesmo, e o subcampo da grande produção.

Essa oposição principal é recortada por uma oposição secundária, ortogonal à precedente, conforme a qualidade das obras e a composição social dos públicos correspondentes. No polo mais autônomo, isto é, do lado dos produtores para produtores, essa oposição se estabelece entre a vanguarda consagrada (por exemplo, nos anos 1880, os parnasianos e, em grau menor, os simbolistas) e a vanguarda nascente (os jovens) ou a vanguarda envelhecida, mas não consagrada; no polo mais heterônomo, a oposição é menos nítida e principalmente estabelecida de acordo com a qualidade social dos públicos — opondo, por exemplo, o teatro tradicional e o *vaudeville* a todas as formas de arte industrial.

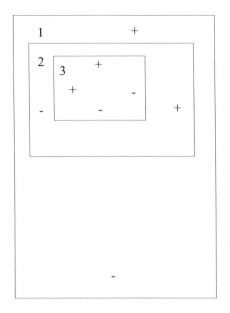

Diagrama do campo artístico (3) situado no polo dominado do campo do poder (2), este situado no polo dominante do espaço social (1).
+ — polo positivo, posição dominante.
- — polo negativo, posição dominada.

Como vemos, quase em 1880, a oposição principal sobrepõe-se parcialmente à oposição entre os gêneros, isto é, entre a poesia e o teatro — o romance, bastante disperso, ocupava uma posição intermediária. O teatro, globalmente situado no subcampo da grande produção (basta lembrar os fracassos teatrais de todas as propostas da arte pela arte), divide-se com a aparição desses personagens novos que são os diretores, especialmente Antoine e Lugné-Poe, que, até por sua oposição, fazem surgir todo o espaço dos possíveis que deverão ser incluídos em qualquer história subsequente do subcampo do teatro.

Temos, assim, um espaço em duas dimensões e duas formas de luta e de história: de um lado, as lutas entre os artistas engajados nos dois subcampos, o "puro" e o comercial, sobre a própria definição do que seja um escritor e sobre o estatuto da arte e do artista (essas lutas entre o escritor ou o artista "puro", sem outros "clientes" que não seus competidores, dos quais ele espera o *reconhecimento*, e o escritor ou artista "burguês" em busca de *notoriedade* mundana e de sucesso comercial, são uma das formas principais da luta pela imposição do princípio de dominação dominante que, no interior do campo do poder, opõe os intelectuais e os "burgueses", expressas pelos intelectuais "burgueses").

De outro lado, no polo mais autônomo, isto é, no interior do subcampo de produção restrita, as lutas entre a vanguarda consagrada e a nova vanguarda.

Os historiadores da literatura ou da arte, retomando por sua conta, sem saber, a visão dos produtores para produtores, que reivindicam (com sucesso) o monopólio do nome de artista ou de escritor, não sabem e não percebem que o subcampo de produção restrita, e toda a representação do campo e de sua história, é assim falseado. As mudanças que continuamente ocorrem no interior do campo de produção se originam da própria estrutura do campo, isto é, das oposições sincrônicas entre posições antagônicas no campo global, cujo princípio é o grau de consagração no interior (reconhecimento) ou no exterior (notoriedade) do campo e, tratando-se da posição no subcampo de produção restrita, da posição na estrutura de distribuição do capital específico de reconhecimento (esta posição, fortemente correlacionada com a idade, a oposição entre dominante e dominado, entre ortodoxo e herético, tende a tomar a forma de uma revolução permanente dos jovens contra os velhos e do novo contra o antigo).

O sentido da história

Originando-se da própria estrutura do campo, as mudanças que ocorrem no campo de produção restrita são amplamente independentes de mudanças externas *cronologicamente* contemporâneas (por exemplo, os efeitos de um acontecimento político como as greves de Anzin ou, em outro universo, a peste negra do verão de 1348 em Florença e em Siena) que podem parecer determiná-las — mesmo se sua consagração posterior pode dever alguma coisa a esse encontro de séries causais relativamente independentes. É a luta entre os detentores e os pretendentes, entre os detentores do título (de escritor, de filósofo, de sábio etc.) e seus *desafiantes*, como se diz no boxe, que faz a história do campo: o envelhecimento dos autores, das escolas e das obras é resultado da luta entre aqueles que *marcaram época* (criando uma nova posição no campo) e que lutam para persistir (tornar-se "clássicos") e aqueles que, por seu turno, só podem marcar época enviando para o passado aqueles que têm interesse em *eternizar* o estado presente e em parar a história.

Nas lutas que, no interior de cada gênero, a opõem à vanguarda consagrada, a nova vanguarda é levada a colocar em questão os próprios fundamentos do gênero, alegando um retorno às fontes, à pureza das origens; em consequência, a história da poesia, do romance e do teatro tende a apresentar-se como um processo de purificação através do qual cada um desses gêneros, por meio de um incessante retorno crítico sobre si, sobre seus princípios, seus pressupostos, reduz-se, cada vez mais, inteiramente a sua quintessência mais depurada. Assim, a série de revoluções poéticas contra a poesia estabelecida, que marcou a história da poesia francesa desde o romantismo, tende a excluir da poesia tudo o que define o "poético": as formas mais marcadas, o alexandrino, o soneto, o próprio poema, em resumo, tudo o que um poeta chamou de "ronronar" poético, além das figuras de retórica, da comparação, da metáfora, dos sentimentos convencionais, do lirismo, da efusão, da psicologia. Do mesmo modo, a história do romance francês depois de Balzac tende a excluir o "romanesco": Flaubert, com o sonho de um "livro sobre nada", os Goncourt, com a ambição de um "romance sem peripécias, sem enredo e sem baixo entretenimento", contribuíram bastante para o programa enunciado pelos próprios Goncourt, de "matar o romanesco". Programa continuado, de Joyce a Claude Simon, passando por Faulkner, com a invenção de um romance do qual a narrativa literária desapareceu e que denuncia a si mesmo como ficção. Por último, também a história da direção teatral tende sempre a excluir, primeiro, o "teatral" e acaba em uma representação, deliberadamente ilusionista, da ilusão cômica.

Paradoxalmente, nesses campos que são palco de uma *revolução permanente*, os produtores de vanguarda são determinados pelo passado até nas inovações destinadas a superá-lo, inscritas, como em uma matriz original, no espaço dos possíveis imanentes ao próprio campo. O que se produz no campo é cada vez mais dependente da história específica do campo, e cada vez mais difícil de deduzir ou prever a partir do conhecimento do estado do mundo social (situação econômica, política etc.) no momento considerado. A autonomia relativa do campo sempre se realiza melhor nas obras que devem suas propriedades formais e seu valor apenas à estrutura, ou seja, à história do campo, desqualificando as interpretações que, por um "curto-circuito", se julgam no direito de passar diretamente do que se passa no mundo ao que se passa no campo.

Assim como já não há lugar, no polo da produção, para os primitivos, a não ser como artistas-objetos, também já não há lugar para uma recepção ingênua, de primeiro grau: a obra produzida de acordo com a lógica de um campo fortemente autônomo pede uma percepção *diferenciada*, distinta, atenta às *distâncias* em relação a outras obras, contemporâneas ou passadas. Segue-se, paradoxalmente, que o consumo apropriado dessa arte, produto de uma ruptura permanente com a história, com a tradição, tende a tornar-se cada vez mais inteiramente histórico: o deleite tem como condição a consciência e o conhecimento do espaço de possíveis dos quais a obra é produto, da "contribuição", como se diz, que ela representa, e que só pode ser percebida pela comparação histórica.

Resolve-se assim o problema epistemológico colocado para a ciência pela existência de artes "puras" (e de teorias "formalistas" que explicitam seus princípios): é na história que reside o princípio da liberdade em relação à história, e a história social do processo de autonomização (do qual apresentei um esboço) pode dar conta da liberdade em relação ao "contexto social" que a postulação da sua relação direta com as condições sociais do momento anula, no próprio movimento para explicá-la. O desafio proposto à sociologia pelas estéticas formalistas, que só prestam atenção à forma, tanto na produção como na recepção, é superado: a recusa que a ambição formalista opõe a qualquer tipo de historicização apoia-se na ignorância de suas próprias condições sociais de possibilidade ou, mais precisamente, no esquecimento do processo histórico no decorrer do qual foram instituídas as condições sociais de liberdade em relação a determinações externas, isto é, o campo de produção relativamente autônomo e a estética pura que ele torna possível. O fundamento da independência em relação às condições históricas, afirmado nas obras produzidas a partir de uma preocupação com a pureza da forma, está no processo histórico que levou à emergência de um universo capaz de assegurar aos que nele habitam uma tal independência.

Disposições e trajetórias

Tendo assim evocado rapidamente a estrutura do campo, a lógica de seu funcionamento e de suas transformações (teria sido preciso evocar a relação com o público, que também tem um papel determinante), resta descrever a relação que se estabelece entre os agentes singulares, e, portanto, seus *habitus*, e as forças do campo, relação que se objetiva em uma trajetória e em uma obra. Diferentemente das biografias comuns, a *trajetória* descreve a série de posições sucessivamente ocupadas pelo mesmo escritor em estados sucessivos do campo literário, tendo ficado claro que é apenas na estrutura de um campo, isto é, repetindo, relacionalmente, que se define o sentido dessas posições sucessivas, publicação em tal ou qual revista, ou por tal ou qual editor, participação em tal ou qual grupo etc.

É no interior de um estado determinado do campo, definido por um certo estado do espaço de possíveis, em função da posição mais ou menos singular que ele ocupa, e que ele avalia diferenciadamente conforme as disposições que deve à sua origem social, que o escritor se orienta em direção a tais ou quais possibilidades oferecidas, e isso, com frequência, de maneira inconsciente: já que não posso entrar nos detalhes da análise da dialética entre as posições e disposições nas quais essa constatação se apoia, direi apenas que se nota uma correspondência extraordinária entre a hierarquia de posições (a dos gêneros e, no seu interior, a de maneiras) e a hierarquia das origens sociais, logo, de disposições associadas. Assim, para dar apenas um exemplo, é notável que seja no interior do romance popular que, com maior frequência do que qualquer outra categoria de romances, é deixado aos escritores saídos das classes dominadas e do sexo feminino, onde encontramos, entre os escritores relativamente favoritos, um tratamento mais distanciado e uma quase paródia — o exemplo por excelência é *Fantomas*, celebrizado por Apollinaire.

Mas, podemos perguntar, qual é a contribuição dessa maneira específica de compreender a obra de arte? Vale a pena, para compreender a razão das obras, expormo-nos a quebrar seu encanto? E, além do prazer, sempre um tanto lento, de saber do que se trata, o que ganhamos com essa análise histórica do que quer ser vivido como uma experiência absoluta, estranha às contingências de uma gênese histórica?

A visão resolutamente historicista, que leva a um conhecimento rigoroso das condições históricas de lógicas trans-históricas tais como as da arte ou da ciência, tem, em primeiro lugar, o efeito de livrar o discurso crítico da tentação platônica do fetichismo das essências — do literário, do poético ou, em um outro domínio, do matemático etc. As análises da essência, às quais tantos "teóricos" se dedicaram, e, particularmente, no caso da "literaridade", os formalistas russos e Jakobson, familiarizado com a fenomenologia e a análise eidética, ou tantos outros (do abade Brémond a Antonin Artaud...), tratando da "poesia pura" ou da "teatralidade", apenas retomam, sem saber, o produto histórico de um lento e longo trabalho coletivo de abstração da quintessência que, em cada um dos gêneros, poesia, romance ou teatro, acompanhou a autonomização do campo de produção: as revoluções que ocorrem no campo da produção levaram a isolar, pouco a pouco, o princípio específico do efeito poético, teatral ou romanesco, deixando subsistir apenas uma espécie de extrato altamente concentrado e sublimado (como em Ponge, por exemplo, no caso da poesia) das propriedades mais adequadas a produzir o efeito mais característico do gênero considerado — no caso da poesia, o efeito de desbanalização, o *ostranenie* dos formalistas —, e isso sem recorrer a técnicas reconhecidas e designadas como poéticas, teatrais ou romanescas.

É preciso resignar-se a admitir que "a ação das obras sobre as obras", da qual falava Brunetière, só se exerce por intermédio dos autores, cujas pulsões estéticas ou científicas mais puras se definem sob as limitações e nos limites da posição que ocupam na estrutura de um estado muito específico de um microcosmo literário ou artístico, historicamente situado e datado. A história só pode produzir a universalidade transistórica instituindo universos sociais que, por efeito da alquimia social de suas leis específicas de funcionamento, tendem a extrair do enfrentamento frequentemente impiedoso de pontos de vista particulares a essência sublimada do universal. Essa visão realista que torna a produção do universal um empreendimento coletivo, submetido a certas regras, parece-me, afinal, mais tranquilizadora e, se posso dizê-lo, mais humana, do que a crença nas virtudes miraculosas do gênio criador e da paixão pura pela forma pura.

APÊNDICE 1
A ILUSÃO BIOGRÁFICA

A história de vida é uma dessas noções do senso comum que entraram de contrabando no universo do saber; primeiro, sem alarde, entre os etnólogos, depois, mais recentemente, e não sem ruído, entre os sociólogos. Falar de história de vida é pelo menos pressupor, e é muito, que a vida é uma história e que uma vida é inseparavelmente o conjunto de acontecimentos de uma existência individual, concebida como uma história e a narrativa dessa história. É o que diz o senso comum, isto é, a linguagem cotidiana, que descreve a vida como um caminho, um percurso, uma estrada, com suas encruzilhadas (Hércules entre o vício e a virtude), ou como uma caminhada, isto é, um trajeto, uma corrida, um *cursus*, uma passagem, uma viagem, um percurso orientado, um deslocamento linear, unidirecional (a "mobilidade"), que comportam um começo ("um início de vida"), etapas, e um fim no sentido duplo, de termo e de objetivo ("ele fará seu caminho", significa: ele terá sucesso, ele fará uma bela carreira), um fim da história. É aceitar tacitamente a filosofia da história com o sentido de sucessão de eventos históricos, implícita em uma filosofia da história com o sentido de narrativa histórica, em resumo, uma teoria da narrativa, narrativa de historiador ou de romancista, dessa perspectiva indistinguíveis, especialmente a biografia ou a autobiografia.

Sem pretender ser exaustivo, podem-se tentar apontar alguns dos pressupostos dessa teoria. Em primeiro lugar, o fato de que a vida constitui um todo, um conjunto coerente e orientado, que pode e deve ser apreendido como expressão unitária de uma "intenção" subjetiva e objetiva, de um projeto: a noção sartriana de "projeto original" apenas coloca explicitamente o que está implícito nos "já", "desde o início", "desde sua mais tenra idade" etc., dos biógrafos comuns, ou nos "sempre" ("sempre gostei de música") das "histórias de vida". Essa vida organizada como uma história (no

74

sentido de narrativa), desenrola-se segundo uma ordem cronológica que é também uma ordem lógica, desde um começo, uma origem, no duplo sentido de ponto de partida, de início, e também de princípio, de razão de ser, de causa primeira, até seu fim, que é também um objetivo, uma realização (*telos*). A narrativa, seja biográfica ou autobiográfica, como a do entrevistado que "se entrega" a um entrevistador, propõe eventos que, apesar de não se desenrolarem todos, sempre, na sua estrita sucessão cronológica (quem quer que tenha recolhido histórias de vida sabe que os entrevistados constantemente perdem o fio da estrita sucessão cronológica), tendem a, ou pretendem, organizar-se em sequências ordenadas e de acordo com relações inteligíveis. O sujeito e o objeto da biografia (o entrevistador e o entrevistado) têm de certo modo o mesmo interesse em aceitar o *postulado do sentido da existência* contada (e, implicitamente, de qualquer existência).

Sem dúvida, temos o direito de supor que a narrativa autobiográfica se inspira sempre, ao menos em parte, na preocupação de atribuir sentido, de encontrar a razão, de descobrir uma lógica ao mesmo tempo retrospectiva e prospectiva, uma consistência e uma constância, de estabelecer relações inteligíveis, como a do efeito com a causa eficiente, entre estados sucessivos, constituídos como etapas de um desenvolvimento necessário. (É provável que esse ganho de coerência e de necessidade esteja na base do interesse, variável conforme a posição e a trajetória, que os entrevistados atribuem à entrevista biográfica.[5]) Essa inclinação a tornar-se ideólogo de sua própria vida, selecionando, em função de uma intenção global, certos acontecimentos *significativos* e estabelecendo entre eles conexões que possam justificar sua existência e atribuir-lhes coerência, como aquelas que implicam a sua instituição como causa ou, com mais frequência, como fim, encontra a cumplicidade natural do biógrafo para quem tudo, a começar

---

5. Cf. F. Muel-Dreyfus. *Le métier d'éducateur*. Paris, Minuit, 1983.

por suas disposições de profissional da interpretação, leva a aceitar essa criação artificial de sentido.

É significativo que o abandono da estrutura do romance como narrativa linear tenha coincidido com o questionamento da visão da vida como existência dotada de sentido, no duplo sentido de significação e de direção. Essa dupla ruptura, simbolizada pelo romance de Faulkner, *O som e a fúria*, exprime-se em toda sua clareza na definição da vida como anti-história, proposta por Shakespeare no final de *Macbeth*: "Uma história contada por um idiota, uma história cheia de som e de fúria, mas vazia de sentido." Produzir uma história de vida, tratar a vida como uma história, isto é, como a narrativa coerente de uma sequência significativa e coordenada de eventos, talvez seja ceder a uma ilusão retórica, a uma representação comum da existência que toda uma tradição literária não deixou e não deixa de reforçar. Eis porque parece lógico pedir auxílio àqueles que tiveram de romper com essa tradição no próprio terreno de sua realização exemplar. Como sugere Alain Robbe-Grillet, "o advento do romance moderno está diretamente vinculado a esta descoberta: o real é descontínuo, formado por elementos justapostos sem razão, cada um é único, e tanto mais difíceis de entender porque surgem sempre de modo imprevisto, fora de propósito, de modo aleatório".[6]

A invenção de um novo modo de expressão literária tornou aparente, *a contrario*, o arbitrário da representação tradicional do discurso romanesco como história coerente e totalizante e da filosofia da existência em que essa convenção retórica implica. Nada obriga a aceitar a filosofia da existência que, para alguns de seus iniciadores, é indissociável dessa revolução retórica.[7] De qualquer modo, não podemos deixar de lado a questão dos

---

6. A. Robbe-Grillet. *Le miroir qui revient*. Paris, Minuit, 1984, p. 208.
7. "Tudo isso é o real, isto é, o fragmentado, o fugaz, o inútil, tão acidental e tão particular que qualquer evento aí aparece a cada instante como gratuito e qualquer existência como, afinal de contas, desprovida da menor significação unificadora." (*Idem, ibidem.*)

mecanismos sociais que privilegiam ou autorizam a experiência comum da vida como unidade e como totalidade. De fato, sem sair dos limites da sociologia, como responder à velha questão empirista a respeito da existência de um eu irredutível à rapsódia de sensações singulares? Sem dúvida, podemos encontrar no *habitus* o princípio ativo, irredutível às percepções passivas, de unificação das práticas e das representações (isto é, o equivalente, historicamente constituído, logo, historicamente situado, desse eu cuja existência devemos postular, de acordo com Kant, para dar conta da síntese da diversidade sensível intuída e da coerência de representações em uma consciência). Mas essa identidade prática só se entrega à intuição na inesgotável e inapreensível série de suas manifestações sucessivas, de modo que a única maneira de apreendê-la como tal consiste em talvez tentar apanhá-la na unidade de uma narrativa totalizante (como autorizam as várias maneiras, mais ou menos institucionalizadas, de "falar de si", da confidência etc.).

O mundo social, que tende a identificar a normalidade com a identidade entendida como constância de si mesmo de um ser responsável, isto é, previsível ou, pelo menos, inteligível, como uma história bem-construída (por oposição à história contada por um idiota), propõe e dispõe todos os tipos de instituições de totalização e de unificação do eu. A mais evidente é evidentemente o nome próprio que, como "designador rígido", conforme a expressão de Kripke, "designa o mesmo objeto em qualquer universo possível", ou seja, concretamente, em estados diferentes do mesmo campo social (constância diacrônica) ou em campos diferentes no mesmo momento (unidade sincrônica, para além da multiplicidade das posições ocupadas).[8] E Ziff, que descreve o nome próprio como "um ponto fixo em um mundo em movimento", tem razão de ver nos "ritos de batismo" o modo necessário de atribuir uma identidade.[9] Através

---

8. Cf. S. Kripke. *La logique des noms propres (Naming and necessity)*. Paris, Minuit, 1982; e também P. Engel, *Identité et référence*. Paris, Pens, 1985.
9. Cf. P. Ziff. *Semantic analysis*. Ithaca, Cornell University Press, 1960, pp. 102-104.

desse modo singular de *nominação*, que se constitui no nome próprio, institui-se uma identidade social constante e duradoura que garante a identidade do indivíduo biológico em todos os campos possíveis nos quais ele intervém como *agente*, isto é, em todas as suas histórias de vida possíveis. O nome próprio, "Marcel Dassault", junto com a individualidade biológica cuja forma socialmente instituída ele representa, é o que assegura a constância através do tempo e a unidade através dos espaços sociais de *agentes* diferentes que são a manifestação dessa individualidade nos diferentes campos, o empresário, o dono da empresa jornalística, o deputado, o produtor de filmes etc.; e não é por acaso que a assinatura, *signum authenticum*, que autentica essa identidade, seja a condição jurídica de transferência de um a outro campo, isto é, de um a outro agente, das propriedades vinculadas ao mesmo indivíduo instituído.

Como instituição, o nome próprio é arrancado ao tempo, ao espaço e às variações de lugar e de momento: assim, para além de todas as mudanças e flutuações biológicas e sociais, ele assegura aos indivíduos designados a *constância nominal*, a identidade com o sentido de identidade a si mesmo, de *constantia sibi*, exigida pela ordem social. Compreende-se, então, que, em inúmeros universos sociais, os deveres mais sagrados em relação a si mesmo tomem a forma de deveres em relação ao nome próprio (que é sempre também, por um lado, um nome coletivo, como *nome de família*, especificado por um prenome). O nome próprio é o atestado visível da identidade de seu portador através dos tempos e dos espaços sociais, o fundamento da unidade de suas manifestações sucessivas e da possibilidade, socialmente reconhecida, de totalizar essas manifestações em registros oficiais, *curriculum vitae, cursus honorum*, registro judiciário, necrológio ou biografia, que constituem a vida como uma totalidade finita por meio do veredito dado sobre um balanço provisório ou definitivo.

"Designador rígido", o nome próprio é a forma por excelência da imposição arbitrária feita pelos ritos institucionais: a nominação e a classificação introduzem divisões nítidas, absolutas, indiferenciadas, nas particularidades circunstanciais e nos acidentes individuais, no fluxo e na fluidez das realidades biológicas e sociais. Explica-se assim que o nome próprio não possa descrever propriedades e que não veicule nenhuma informação sobre o que nomeia: já que o que ele designa é sempre uma rapsódia complexa e disparatada de propriedades biológicas e sociais em constante mudança, todas as descrições seriam válidas apenas nos limites de um estado ou de um espaço. Dito de outro modo, ele não pode atestar a identidade da *personalidade*, como individualidade socialmente constituída, a não ser ao preço de uma enorme abstração. É isso que é acentuado no uso pouco comum que Proust faz do nome próprio precedido do artigo definido ("o Swann de Buckingham Palace", "a Albertine de então", "a Albertine encapuzada dos dias de chuva"), rodeio complexo pelo qual se enuncia, ao mesmo tempo, a "súbita revelação de um sujeito fracionado, múltiplo" e a permanência além da pluralidade dos mundos da identidade socialmente atribuída pelo nome próprio.[10]

O nome próprio é, assim, o suporte (teríamos a tentação de dizer, a substância) do que chamamos o *estado civil*, ou seja, do conjunto de propriedades (nacionalidade, sexo, idade etc.) vinculadas a uma pessoa e às quais a lei civil associa efeitos jurídicos que *instituem*, sob a aparência de constatá-los, os atos do estado civil. Produto do rito de instituição inaugural que marca o acesso à existência social, ele é o verdadeiro objeto de todos os ritos de instituição ou de nominação sucessivos pelos quais se constrói a identidade social: esses atos (frequentemente públicos e solenes) de *atribuição*, operados sob o controle e com a garantia do Estado, são também designações rígidas, isto é, válidas para todos os mundos possíveis, e são uma perfeita *descrição oficial* dessa

---

10. E. Nicole, "Personnage et rhétorique du nom", *Poétique* 46 (1981), pp. 200-216.

espécie de essência social, que transcende as flutuações históricas, que a ordem social institui através do nome próprio; de fato, eles se apoiam no postulado da constância do pressuposto nominal de todos os atos de nominação e, também, de maneira mais geral, de todos os atos jurídicos que envolvem um futuro a longo prazo, quer se trate de *atestados* que garantam de modo irreversível uma capacidade (ou incapacidade), de contratos a longo prazo, quer se trate de contratos de crédito ou de seguro, ou de sanções penais — qualquer condenação pressupondo a afirmação de identidade atemporal daquele que cometeu o crime e daquele que sofreu o castigo.[11]

Tudo leva a supor que a história de vida mais se aproxima do modelo oficial da apresentação oficial de si — carteira de identidade, atestado de estado civil, *curriculum vitae*, biografia oficial — e da filosofia da identidade subjacente a ele quanto mais nos familiarizamos com os questionários oficiais das pesquisas oficiais — cujo limite é o interrogatório policial ou judiciário — e nos afastamos, ao mesmo tempo, das trocas íntimas entre membros da família e da lógica da *confidência*, corrente nesses mercados protegidos onde se está entre amigos. As leis que regem a produção de discursos na relação entre um *habitus* e um mercado aplicam-se a esta forma particular de expressão que é o discurso sobre si; e a narrativa de vida vai variar, tanto em sua forma quanto em seu conteúdo, conforme a qualidade social do mercado no qual será apresentada — a própria situação de pesquisa contribuindo, inevitavelmente, para determinar a forma e o conteúdo do discurso recolhido. Mas o objeto próprio desses discursos, isto é, a apresentação *pública*, logo, a oficialização, de uma representação *privada*

---

11. A dimensão especificamente biológica da individualidade — apreendida pelo estado civil sob a forma de *indícios* e da fotografia de identidade — está submetida a variações conforme o tempo e o lugar, isto é, os espaços sociais que se constituem em base muito menos segura do que a pura definição nominal. (A respeito das variações da *hexis* corporal conforme os espaços sociais, ver S. Maresca, "La représentation de la paysannerie". Remarques ethnographiques sur le travail de représentation des dirigeants agricoles", *Actes de la Recherche en Sciences Sociales* 38, maio de 1981, pp. 3-18.)

de sua própria vida, implica um acréscimo de limitações e de censuras específicas (cujo limite é representado pelas sanções jurídicas contra as falsificações de identidade ou o uso ilegal de comendas). E tudo leva a supor que as leis da biografia oficial tenderão a se impor bem além das situações oficiais, através dos pressupostos inconscientes da entrevista (como a preocupação com a cronologia e com tudo que seja inerente à representação da vida como história), e também através da situação da entrevista que, conforme a distância objetiva entre entrevistador e entrevistado, e conforme a capacidade do primeiro em "manipular" essa relação, pode variar desde a forma suave de interrogatório oficial que, sem que o sociólogo perceba, é frequentemente a pesquisa sociológica, até a confidência e, por último, através da representação mais ou menos consciente que o entrevistado se faz da situação da entrevista, em função de sua experiência direta ou mediada de situações equivalentes (entrevista com um escritor famoso, com um político, situação de exame etc.), e que orientará todo seu esforço de apresentação de si, ou melhor, de produção de si.

A análise crítica dos processos sociais mal-analisados e mal compreendidos que estão em jogo, sem que o pesquisador o saiba, na construção dessa espécie de artefato irrepreensível que é a "história de vida", não é a sua finalidade. Ela leva à construção da noção de *trajetória* como uma série de *posições* sucessivamente ocupadas por um mesmo agente (ou um mesmo grupo), em um espaço ele próprio em devir e submetido a transformações incessantes. Tentar compreender uma vida como uma série única e, por si só, suficiente de acontecimentos sucessivos, sem outra ligação que a vinculação a um "sujeito" cuja única constância é a do nome próprio, é quase tão absurdo quanto tentar explicar um trajeto no metrô sem levar em conta a estrutura da rede, isto é, a matriz das relações objetivas entre as diversas estações. Os acontecimentos biográficos definem-se antes como *alocações* e como *deslocamentos* no espaço social, isto é, mais precisamente, nos diferentes estados sucessivos da estrutura da distribuição dos diferentes tipos de capital que estão em jogo no campo considerado. É evidente que o sentido dos movimentos que levam de uma posição a outra (de um editor a outro, de uma revista a outra, de um bispo a outro etc.) define-se na relação objetiva entre o sentido dessas posições no momento considerado, no interior de um espaço orientado. Isto é, não podemos compreender uma trajetória (ou seja, o *envelhecimento social* que, ainda que inevitavelmente o acompanhe, é independente do envelhecimento biológico), a menos que tenhamos previamente construído os estados sucessivos do campo no qual ela se desenrolou; logo, o conjunto de relações objetivas que vincularam o agente considerado — pelo menos em certo número de estados pertinentes do campo — ao conjunto dos outros agentes envolvidos no mesmo campo e que se defrontaram no mesmo espaço de possíveis. Essa construção prévia é também condição de qualquer avaliação rigorosa do que poderíamos chamar de *superfície social*, como descrição rigorosa da *personalidade* designada pelo nome próprio, isto é, o conjunto de posições simultaneamente ocupadas, em um momento dado do tempo, por uma individualidade biológica socialmente instituída, que age como suporte de um conjunto de atributos e de atribuições que permitem sua intervenção como agente eficiente nos diferentes campos.[12]

---

12. A distinção entre o indivíduo concreto e o indivíduo construído, o agente eficiente, duplica-se na distinção entre o agente, eficiente em um campo, e a *personalidade*, como individualidade biológica socialmente instituída pela nominação e portadora de propriedades e poderes que lhe asseguram (em certos casos) uma *superfície social*, isto é, a capacidade de existir como agente em diferentes campos.

APÊNDICE 2
A DUPLA RUPTURA[13]

"No domínio do conhecimento, como nos outros, há competição entre grupos ou coletividades em torno do que Heidegger chamou de 'a interpretação pública da realidade'. De maneira mais ou menos consciente, os grupos em conflito querem ver triunfar sua interpretação do que as coisas foram, são e serão." Retomarei de bom grado essa proposição, feita por Robert Merton pela primeira vez em *The sociology of science*.[14] Eu mesmo tenho frequentemente lembrado que, se existe uma verdade, é que a verdade é um lugar de lutas. Essa afirmativa é particularmente válida para os universos sociais relativamente autônomos que chamo de campos, nos quais profissionais da produção simbólica se enfrentam em lutas que têm como alvo a imposição de princípios legítimos de visão e de divisão do mundo natural e do mundo social. Segue-se que uma das tarefas principais de uma ciência da ciência consiste em determinar o que o campo científico tem em comum com os outros campos, o campo religioso, o campo filosófico, o campo artístico etc., e no que ele difere destes.

Um dos principais méritos de Robert Merton foi o de ter dito que o mundo da ciência deve ser analisado sociologicamente, por inteiro, sem exceção nem concessão: vale dizer que os promotores do pretenso "programa forte" (*strong program*) em sociologia da ciência só fazem, como dizemos em francês, arrombar portas abertas, ao afirmarem com muito barulho que "todo conhecimento

---

13. Este texto foi publicado em inglês com o título "Animadversiones in Mertonem", *in*: J. Clark, C. e S. Modgil (eds.) *Robert K. Merton: Consensus and controversy*. Londres e Nova York, Falmer Press, 1990, pp.297-301.
14. "In the cognitive domain as in others, there is competition among groups or collectivities to capture what Heidegger called the 'public interpretation of reality'. With varying degrees of intent, groups in conflict want to make their interpretation the prevailing one of how things were and are and will be" (R.K. Merton. *The sociology of science*. Chicago, Chicago University Press, 1973, pp. 110-111).

deve ser tratado como material de pesquisa" (*all knowledge should be treated thru and thru as material for investigation*).[15] Merton não dizia, desde 1945, que a revolução copernicana consiste na hipótese de que não apenas o erro, a ilusão ou a crença sem fundamento, mas a própria descoberta da verdade são condicionados pela sociedade e pela história?[16] Mas também, diferentemente de seus críticos "radicais", ele estabeleceu que a ciência deve ser interrogada, por um lado, em sua relação com o cosmos social ao qual está presa, e, por outro, com o universo científico, mundo dotado de regras próprias de funcionamento, que é preciso descrever e analisar. Sobre esse ponto, os defensores do "programa forte" de fato efetuam uma regressão: de acordo com uma lógica que se observa em todas as ciências de obras culturais, isto é, em matéria de história do direito, da arte, da literatura ou da filosofia, eles só saem da leitura interna, que todos esses universos do saber pretendem impor, para cair na leitura externa mais brutalmente redutora, fazendo abstração da lógica específica do mundo da produção e dos produtores profissionais, artistas, escritores, filósofos ou sábios.

Mas, se Merton leva em conta a existência do microcosmo científico, continua a lhe aplicar categorias de análise impostas por esse mesmo mundo, apresentando como descrição de suas leis positivas de funcionamento um registro das regras normativas que são aí oficialmente adotadas. Assim, é só aparentemente que ele sai da leitura "interna" que, na história da arte ou da filosofia, como na história da ciência, vai junto com uma visão hagiográfica dos que fazem arte, ciência ou filosofia. Mais precisamente, ele deixa de colocar em questão, por um lado, a relação entre os valores ideais que a "comunidade científica" (outra mitologia nativa) reconhece — objetividade, originalidade e utilidade — e as normas que

---

15. David Bloor. *Knowledge and social imagery*. Londres, Routledge e Kegan Paul, 1976, p. 1.
16. R.K. Merton. "Sociology of knowledge", *in*: Gurvitch e Moore (eds.) *Twentieth century society*. NovaYork, Philosophical Library, pp. 366-405.

ela professa — universalismo, comunismo intelectual, desinteresse e ceticismo — e, por outro, a estrutura social do universo científico, os mecanismos que tendem a assegurar "controle" e comunicação, avaliação e retribuição, recrutamento e ensino.

Mas é nessa relação que reside o princípio de especificidade do campo científico, a dupla verdade que o caracteriza como tal e que escapa tanto à visão idealizada e ingenuamente irênica de tipo mertoniano como à visão redutora e ingenuamente cínica dos que apoiam o "programa forte". Estamos aqui diante de um caso entre outros da alternativa obrigatória que se observa nos domínios mais diferentes de análise do mundo social (e que volta com força atualmente entre os próprios historiadores, sob a forma da velha alternativa entre a "história das ideias" e a "história social").

A ingenuidade de primeiro grau, que consiste em aceitar a representação ideal ou idealizada que os poderes simbólicos (Estado, Direito, Arte, Ciência etc.) apresentam de si mesmos, de certa maneira, pede uma ingenuidade de segundo grau, a dos "meio habilidosos", como diria Pascal, que não querem ser incluídos nela. O prazer de se sentir malvado, desmistificado e desmistificador, de fazer o papel de desencantador desencantado, está na base de muitos erros científicos: quanto mais não seja, porque leva a esquecer que a ilusão denunciada faz parte da realidade e deve estar inscrita no modelo que dá conta dela e que, em um primeiro momento, só pode ser construído contra ela.

Se, obedecendo ao princípio de reflexividade que eles próprios invocam[17], os defensores do "programa forte" soubessem voltar o olhar da sociologia da ciência sobre sua própria prática, reconheceriam de imediato, nas rupturas falsamente revolucionárias que produzem, as formas mais comuns das estratégias de subversão por meio das quais os novatos visam afirmar-se contra seus predecessores e que, por seu poder de sedução sobre os que

---

17. D. Bloor, *op. cit.*, p. 8.

gostam de novidades, constituem um bom modo de obter a baixo custo uma acumulação inicial de capital simbólico. O tom grandioso e arrogante de proclamações autovalorizantes, que lembram mais o manifesto literário ou o programa político do que o projeto científico, é típico das estratégias pelas quais, em alguns campos, os pretendentes mais ambiciosos — ou pretensiosos — afirmam um desejo de ruptura que, ao tentar lançar o descrédito sobre autoridades estabelecidas, visa obter uma transferência de seu capital simbólico em benefício dos profetas do recomeço radical.

O ultrarradicalismo de uma denúncia sacrílega sobre o caráter sagrado da ciência, que tende a lançar suspeita sobre todas as tentativas de fundar, ainda que sociologicamente, a validade universal da razão científica, leva naturalmente a uma espécie de niilismo subjetivista: assim é que o princípio de radicalização que inspira Steve Woolgar e Bruno Latour os leva a forçar até o limite ou reduzir ao absurdo análises que, como aquelas que propus há mais de dez anos, esforçam-se por escapar à alternativa entre o relativismo e o absolutismo.[18] Lembrar a dimensão social das estratégias científicas não é reduzir as demonstrações científicas a simples exibicionismos retóricos; invocar o papel do capital simbólico como arma e alvo de lutas científicas não é transformar a busca do ganho simbólico na finalidade ou na razão de ser únicas das condutas científicas; expor a lógica agonística de funcionamento do campo científico não é ignorar que a concorrência não exclui a complementaridade ou a cooperação e que, sob certas condições, da concorrência e da competição é que podem surgir os "controles" e os "interesses de conhecimento" que a visão ingênua registra sem se perguntar pelas condições sociais de sua gênese.

---

18. S. Woolgar e B. Latour. *Laboratory life, the social construction of scientific facts*. Beverly Hills, Sage, 1977; B. Latour. *Science in action*. Harvard, Harvard University Press, 1987; P. Bourdieu. "The specificity of the scientific field and the social conditions of the progress of reason", *Social Science Information* XVI (6 de dezembro de 1975), pp. 19-47.

A análise científica do funcionamento do campo científico só é tão difícil de elaborar, e tão fácil de caricaturar pela redução a um ou outro dos termos de oposições que ela deve superar (irenismo e cinismo, absolutismo e relativismo, internalismo e reducionismo etc.), porque supõe uma dupla ruptura com as representações sociais que, definitivamente, são quase igualmente desejadas e, portanto, socialmente recompensadas: ruptura com a representação ideal que os intelectuais têm e oferecem de si mesmos; ruptura com a representação ingenuamente crítica que, reduzindo a moral profissional a uma "ideologia profissional" por meio de uma fácil inversão da visão encantada, esquece que a *libido sciendi* é uma *libido scientifica*.[19] Essa libido é produzida pelo campo científico e regulada pelas leis imanentes que regem seu funcionamento e que nada têm a ver com as normas ideais colocadas pelos intelectuais e registradas pela sociologia hagiográfica, sem reduzir-se, entretanto, às leis que regem as práticas em outros campos (o campo político ou o campo econômico, por exemplo).

A ideia de que a atividade científica é uma atividade social e a construção científica é também uma construção social da realida-

---

19. A visão "ideal" e a visão "radical" formam uma dupla epistemológica cujos termos se opõem na realidade da existência social sob a forma da divisão social entre uma visão otimista e uma visão pessimista (simbolizada pelo nome de La Rochefoucauld). Segue-se que os defensores da primeira tendem, frequentemente, até sem se darem conta, a reduzir a visão científica à visão "radical" como o alemão, sociólogo da literatura, Peter Burger, que escreve a propósito do campo literário: "Bourdieu (..) analisa as ações dos sujeitos no que chama de campo cultural, levando em conta, exclusivamente, as oportunidades de conquistar poder e prestígio, e considera os objetos apenas como meios estratégicos que os produtores utilizam na luta pelo poder." (P. Bürger, "On the literary history", *Poetics*, agosto de 1985, pp. 199-207). Segue-se que a "radicalização" à maneira de Woolgar e Latour, mascarando sob a aparência de uma superação radical uma regressão a uma das posições do senso comum com as quais a ciência deve romper, fornece munição às estratégias de amálgama e de contaminação (cf., por exemplo, F.A. Isambert, "Un programme fort en sociologie de la science", *Revue Française de Sociologie* XXVI, julho-setembro de 1985, p. 485-508); estratégia tanto mais fácil de adotar, e difícil de contradizer, já que, nesse terreno, como em tantos outros, os comentaristas ou copistas bem-intencionados reduzem a análise fundada na dupla ruptura à visão redutora contra a qual, entre outras, ela se define.

de, além de não ser uma descoberta assombrosa, só faz sentido quando especificada. De fato, é preciso lembrar que o campo científico é tanto um universo social *como os outros*, onde se trata, como alhures, de poder, de capital, de relações de força, de lutas para conservar ou transformar essas relações de força, de estratégias de manutenção ou de subversão, de interesses etc., quanto é um *mundo à parte*, dotado de suas leis próprias de funcionamento, que fazem com que não seja nenhum dos traços designados pelos conceitos utilizados para descrevê-lo o que lhe dá uma forma específica, irredutível a qualquer outra.

A atividade científica engendra-se na relação entre as disposições reguladas de um *habitus* científico que é, em parte, produto da incorporação da necessidade imanente do campo científico e das limitações estruturais exercidas por esse campo em um momento dado do tempo. É dizer que as limitações epistemológicas, postuladas *ex post* pelos tratados de metodologia, se exercem através de limitações sociais. A *libido sciendi*, como qualquer paixão, pode fundamentar todo tipo de ações contrárias às normas ideais postuladas por Merton, quer se trate das lutas mais impiedosas pela apropriação de descobertas (tão cuidadosamente analisadas pelo próprio Merton)[20], ou de estratégias de plágio, mais ou menos dissimuladas, de blefe, de imposição simbólica, das quais

---

20. "I had elected to focus on a recurrent phenomenon in science over the centuries, though one which had been ignored for systematic study: priority-conflicts among scientists, including the greatest among them, who wanted to reap the glory of having been first to make a particular scientific discovery or scholarly distribution. This was paradox ically coupled with strong denials, by themselves and by disciples, of their ever having had such an 'unworthy and puerile' motive for doing science." (R.K. Merton, artigo citado, p. 21). ("Elegi como tema um fenômeno recorrente na ciência através dos séculos, ainda que ignorado como objeto de estudo sistemático: os conflitos de prioridade entre os cientistas, incluindo os mais importantes deles, que desejam obter a glória de terem sido os primeiros a fazer uma descoberta científica específica ou uma contribuição acadêmica. O que era, paradoxalmente, associado a fortes negativas, deles e de seus discípulos, de terem tido um tal motivo, 'pueril e sem valor', ao fazer ciência.") Esse resumo do famoso artigo sobre as descobertas múltiplas (cf. R.K. Merton. *The sociology of science, op. cit.*, pp. 371-382) contém todo o paradoxo do campo científico que produz, ao mesmo tempo, a luta de interesses e a norma que impõe a negação do interesse.

encontramos adiante alguns exemplos; mas pode também fundamentar todas as virtudes científicas já que, de acordo com o modelo maquiavélico, as leis positivas da Cidade sábia são tais que os cidadãos da ciência tem interesse na virtude.

Quando, em um campo científico que atingiu alto grau de autonomia, as leis de formação dos *preços* (materiais e simbólicos) atribuídos às atividades e obras científicas podem impor na prática — afora qualquer injunção normativa e, com mais frequência, através das disposições de *habitus* progressivamente ajustados a suas necessidades — as normas cognitivas às quais os pesquisadores devem, de bom ou de mau grado, curvar-se no estabelecimento da validade de seus enunciados, as pulsões da *libido dominandi* científica não podem encontrar satisfação a não ser sob a condição de curvar-se à censura específica do campo. Este lhe exige que utilize as vias da razão científica e do diálogo argumentativo, tais como definidos por ele *em um dado momento do tempo*, isto é, sublimado em uma *libido sciendi* que só pode triunfar sobre seus adversários *nas regras da arte*, opondo a um teorema, um teorema, a uma demonstração, uma refutação, a um fato científico, outro fato científico. Tal é o princípio da alquimia, que transforma o apetite de reconhecimento em um "interesse de conhecimento".

4
ESPÍRITOS DE ESTADO
GÊNESE E ESTRUTURA DO CAMPO BUROCRÁTICO

Tentar pensar o Estado é expor-se a assumir um pensamento de Estado, a aplicar ao Estado categorias de pensamento produzidas e garantidas pelo Estado e, portanto, a não compreender a verdade mais fundamental do Estado.[1] Essa afirmação, que pode parecer tanto abstrata quanto peremptória, impor-se-á mais naturalmente se, ao fim da demonstração, concordarmos em voltar a esse ponto de partida, só que municiados com o conhecimento de um dos poderes principais do Estado, o de produzir e impor (especialmente por meio da escola) as categorias de pensamento que utilizamos espontaneamente a todas as coisas do mundo, e ao próprio Estado.

Mas, para apresentar uma primeira tradução, mais intuitiva, dessa análise e mostrar o perigo que sempre corremos de ser pensados por um Estado que acreditamos pensar, gostaria de citar

---
1. Este texto é a transcrição de uma conferência proferida em Amsterdã, em junho de 1991.

uma passagem de *Maîtres anciens*, de Thomas Bernhard: "A escola é a escola do Estado, na qual transformamos jovens em criaturas do Estado, isto é, nada mais do que cúmplices do Estado. Quando entro na escola, entro no Estado, e como o Estado destrói os seres, entro na instituição de destruição dos seres. [..] O Estado me fez entrar nele obrigatoriamente, como fez com todos os outros, e me tornou dócil em relação a ele, Estado, e fez de mim um homem estatizado, um homem regulamentado e registrado e vestido e diplomado e pervertido e deprimido, como todos os outros. Quando vemos homens, só vemos homens estatizados, *servidores* do Estado, que, durante toda sua vida, servem ao Estado e, assim, toda sua vida servem à contra natureza."[2]

A retórica muito particular de Thomas Bernhard, do excesso, da hipérbole, no anátema, convém bem à minha intenção de aplicar uma espécie de *dúvida hiperbólica* ao Estado e ao pensamento de Estado. Quando se trata do Estado, nunca duvidamos demais. Mas o exagero literário sempre arrisca anular-se ao tornar-se irreal por seu próprio excesso. Entretanto, é preciso levar a sério o que diz Thomas Bernhard: para termos alguma probabilidade de pensar um Estado que se pensa mesmo através daqueles que se esforçam para pensá-lo (como Hegel ou Durkheim, por exemplo), é preciso tratar de colocar em questão todos os pressupostos e todas as pré-construções inscritas na realidade que se trata de analisar e no próprio pensamento dos analistas.

É preciso abrir aqui um parêntese para tentar esclarecer um ponto metodológico essencial. O trabalho, difícil e talvez interminável, necessário para romper com as prenoções e os pressupostos, isto é, com todas as teses jamais colocadas como tais, já que estão inscritas nas evidências da experiência comum, com todo o substrato de impensável subentendido no pensamento mais vigilante, é frequentemente malcompreendido, e não apenas por aqueles chocados

---

2. T. Bernhard. *Maîtres anciens (Alte Meister Komödie)*. Paris, Gallimard, 1988, p. 34.

em seu conservadorismo por esse trabalho. De fato, tendemos a reduzir a um tratamento *político*, inspirado por preconceitos ou pulsões políticas (disposições anarquistas, no caso específico do Estado, furores iconoclastas de beócio relativista, no caso da arte, inclinações antidemocráticas, no caso da opinião e da política), o que é e quer ser um tratamento *epistemológico*. É muito provável que, como Didier Eribon mostrou bem no caso de Michel Foucault, esse *radicalismo epistêmico* se enraíze em pulsões e disposições subversivas, que sublima e transcende. Seja como for, o certo é que, na medida em que leva a colocar em dúvida não apenas o "conformismo moral" como o "conformismo lógico", isto é, as estruturas fundamentais do pensamento, ele ataca tanto aqueles que, não encontrando nada de novo a dizer ao mundo tal qual é, veem nele uma espécie de tomada de posição decidida e socialmente irresponsável, quanto aqueles que o reduzem ao radicalismo político, como concebido por eles, isto é, a uma denúncia que, em mais de um caso, é um modo particularmente perverso de se colocar ao abrigo de todo tratamento epistemológico verdadeiro (poderia multiplicar ao infinito esses exemplos e mostrar como a crítica "radical" das categorias do INSEE (Institut National de la Statistique ed des Études Économiques), feitas em nome da teoria marxista de classes, permitiu a economia de uma crítica epistemológica dessas categorias e do ato de categorização ou de classificação, ou ainda, como a denúncia da cumplicidade do "filósofo de Estado" com a ordem burocrática ou com a "burguesia" mostrou claramente os efeitos de todas as distorções epistêmicas inscritas no "ponto de vista escolástico"). As verdadeiras revoluções simbólicas são, sem dúvida, aquelas que, mais do que o conformismo moral, ofendem o conformismo lógico, desencadeando a repressão impiedosa que suscita tal atentado contra a integridade mental.

Para mostrar a que ponto é necessária e difícil a ruptura com o pensamento de Estado, presente no mais íntimo de nosso pensamento, seria preciso analisar a batalha recentemente travada na França, em plena guerra do Golfo, a propósito deste objeto à primeira vista insignificante que é a ortografia: a grafia certa, designada e garantida como normal pelo direito, isto é, pelo Estado, é um artefato social fundado em bases lógicas e até linguísticas muito imperfeitas, produto de um trabalho de normalização e de codificação bastante semelhante ao feito pelo Estado em tantos outros domínios. Ora, quando, em um certo momento, o Estado, ou algum de seus representantes, tenta (como já foi o caso, com os mesmos efeitos, um século antes) reformar a ortografia, isto é, desfazer por decreto o que o Estado fizera por decreto, suscita imediatamente a revolta indignada de uma boa parte daqueles que têm compromisso com a escrita, no sentido mais comum, mas também no sentido utilizado pelos escritores. E é admirável que todos esses defensores da ortodoxia ortográfica se mobilizem em nome do *natural* que é a grafia em vigor e da satisfação, vivida como intrinsecamente estética, na busca pela adequação perfeita entre as estruturas mentais e as estruturas objetivas, entre a forma mental socialmente instituída nas mentes pela aprendizagem da grafia correta e a própria realidade das coisas designadas pelas palavras corretamente grafadas: para aqueles que possuem a ortografia a ponto de serem por ela possuídos, o *ph* totalmente arbitrário de *nénuphar* tornou-se tão obviamente indissociável da flor que faz com que eles possam invocar, de boa fé, a natureza e o *natural* para denunciar uma intervenção do Estado destinada a reduzir o arbitrário de uma ortografia que é evidentemente produto de uma intervenção arbitrária do Estado.

Poderíamos multiplicar os exemplos de casos semelhantes, nos quais os efeitos das escolhas do Estado foram tão completamente impostos à realidade e aos espíritos que as possibilidades inicialmente descartadas (por exemplo, um sistema de produção doméstica da eletricidade, análogo ao que existe para o aquecimento) parecem totalmente impensáveis. Assim, por exemplo, se a menor tentativa de modificar os programas escolares e sobretudo os horários atribuídos às diversas disciplinas encontra resistências enormes quase sempre e em toda parte, não é apenas porque interesses corporativos muito poderosos (especialmente os dos professores envolvidos) estão ligados à ordem escolar estabelecida, é também porque as coisas da cultura, particularmente as divisões e hierarquias sociais a elas associadas, são constituídas como natureza pela ação do Estado que, instituindo-as ao mesmo tempo nas coisas e nos espíritos, confere todas as aparências do natural a um arbitrário cultural.

A dúvida radical

É no domínio da produção simbólica que particularmente se faz sentir a influência do Estado: as administrações públicas e seus representantes são grandes produtores de "problemas sociais" que a ciência social frequentemente apenas ratifica, retomando-os por sua conta como problemas sociológicos (para prová-lo, bastaria avaliar a proporção, variável, sem dúvida, de um país para outro, e conforme a época, das pesquisas que tratam dos problemas do Estado, apresentadas de maneira mais ou menos científica).

Mas a melhor prova do fato de que o pensamento do pensador funcionário é atravessado inteiramente pela representação oficial do oficial é, sem dúvida, a sedução exercida pelas representações do Estado que, como em Hegel, fazem da burocracia um "grupo universal", dotado da intuição e da vontade de interesse universal ou, como em Durkheim, muito prudente sobre o assunto, um "órgão de reflexão" e um instrumento racional encarregado de realizar o interesse geral.

A dificuldade específica da questão do Estado prende-se ao fato de que, sob a aparência de pensá-lo, a maior parte dos estudos consagrados a esse objeto, sobretudo em sua fase de construção e consolidação, participam, de modo mais ou menos eficaz e mais ou menos direto, de sua construção, logo, de sua própria existência. É esse, particularmente, o caso de todos os estudos dos juristas dos séculos XVI e XVII, que só fazem sentido se sabemos ver neles não contribuições meio atemporais à filosofia do Estado ou descrições quase sociológicas, mas programas de ação política que pretendem impor uma visão particular do Estado, de acordo com os interesses e os valores associados à posição ocupada por aqueles que os produzem no universo burocrático em vias de constituição (o que é frequentemente esquecido pelos melhores trabalhos históricos, como os da Escola de Cambridge).

A ciência social é ela mesma, desde a origem, parte integrante desse esforço de construção da representação do Estado que faz parte da própria realidade do Estado. Todos os problemas colocados a respeito da burocracia, como a questão da neutralidade e do desinteresse, colocam-se também a respeito da sociologia que os coloca; mas em um grau de dificuldade superior já que, tratando deles, podemos colocar a questão de sua autonomia em relação ao Estado.

Eis porque é preciso pedir à história social das ciências sociais que torne claras todas as adesões inconscientes ao mundo social que as ciências sociais devem à história da qual elas são o resultado, problemáticas, teorias, métodos, conceitos etc. Descobrimos assim, especialmente, que a ciência social, na acepção moderna do termo, não é de modo nenhum a expressão direta das lutas sociais, como sugeriam aqueles que, para desacreditá-la, identificavam sociologia e socialismo; que ela é antes uma resposta aos problemas que esses movimentos e seus prolongamentos teóricos enunciam, e aqueles que eles fazem surgir pela sua existência: ela encontra seus primeiros defensores entre os filantropos e os reformadores, espécie de vanguarda esclarecida dos dominantes, que espera da "economia social" (ciência auxiliar da ciência política) a solução dos "problemas sociais", particularmente daqueles colocados pelos indivíduos e grupos "problemáticos".

Um olhar comparativo sobre o desenvolvimento das ciências sociais permite postular que um modelo que visa dar conta das variações do estado dessas disciplinas conforme as nações e conforme as épocas, deveria levar em conta dois fatores fundamentais: por um lado, a forma que assume a demanda social de conhecimento do mundo social, sobretudo em virtude da filosofia dominante nas burocracias de Estado (particularmente liberalismo ou keynesianismo), uma forte demanda estatal podendo assegurar as condições favoráveis ao desenvolvimento de uma ciência social relativamente independente das forças econômicas, mas fortemente submissa às problemáticas estatais; por outro lado, o grau de autonomia do sistema de ensino e do campo científico em relação às forças econômicas e políticas dominantes — autonomia que supõe, sem dúvida, ao mesmo tempo, um grande desenvolvimento dos movimentos sociais e da crítica social dos poderes e uma grande independência dos especialistas (penso nos durkheimianos, por exemplo) em relação a esses movimentos.

A história atesta que as ciências sociais não podem aumentar sua independência em relação às pressões da demanda social, condição principal de seu progresso em direção à cientificidade, sem o apoio do Estado: assim fazendo, correm o risco de perder sua independência em relação a ele, a menos que estejam preparadas para usar contra o Estado a liberdade (relativa) que o Estado lhes garante.

A concentração do capital

Antecipando os resultados da análise, e modificando a célebre fórmula de Max Weber ("O Estado é uma comunidade humana que reivindica com sucesso o monopólio do uso legítimo da violência física em um território determinado"), eu diria que o Estado é um *x* (a ser determinado) que reivindica com sucesso o monopólio do uso legítimo da violência física *e simbólica* em um território determinado e sobre o conjunto da população correspondente. Se o Estado pode exercer uma violência simbólica é porque ele se encarna tanto na objetividade, sob a forma de estruturas e de mecanismos específicos, quanto na "subjetividade" ou, se quisermos, nas mentes, sob a forma de estruturas mentais, de esquemas de percepção e de pensamento. Dado que ela é resultado de um processo que a institui, ao mesmo tempo, nas estruturas sociais e nas estruturas mentais adaptadas a essas estruturas, a instituição instituída faz com que se esqueça que resulta de uma longa série de atos de instituição e apresenta-se com toda a aparência do *natural*.

Eis por que, sem dúvida, não há instrumento de ruptura mais poderoso do que a reconstrução da gênese: ao fazer com que ressurjam os conflitos e os confrontos dos primeiros momentos e, concomitantemente, os possíveis excluídos, ela reatualiza a possibilidade de que houvesse sido (e de que seja) de outro modo e, por meio dessa utopia prática, recoloca em questão o possível que se concretizou entre todos os outros. Rompendo com a tentação de análise da essência, mas sem renunciar à intenção de distinguir invariantes, gostaria de propor um *modelo de emergência do Estado*, visando dar conta, de modo sistemático, da lógica propriamente histórica dos processos ao termo dos quais se instituiu isso que chamamos de Estado. Projeto difícil, quase irrealizável, já que exige conciliar o rigor e a coerência da construção teórica com a submissão aos dados, quase inesgotáveis, acumulados pela pesquisa histórica.

Para dar uma ideia da dificuldade da empresa, vou citar apenas um historiador que, por ficar no limite de sua especialidade, só a evoca parcialmente: "As zonas mais negligenciadas da história são as zonas fronteiriças. Por exemplo, as fronteiras entre as especialidades: assim, o estudo do governo exige o conhecimento da teoria do governo (isto é, da história do pensamento político), o conhecimento da prática do governo (isto é, da história das instituições) e, por último, o conhecimento dos personagens do governo (logo, da história social); ora, poucos historiadores são capazes de se mover nessas diferentes especialidades com a mesma segurança. [...] Há outras zonas fronteiriças da história que exigiriam estudo como, por exemplo, a técnica da guerra nos inícios da época moderna. Sem um conhecimento maior desses problemas, é difícil avaliar a importância do esforço logístico feito por certo governo em certa campanha. Mas esses problemas técnicos não devem ser estudados apenas do ponto de vista do historiador militar, no sentido tradicional do termo; o historiador militar deve ser também um historiador do governo. Há também muitas lacunas na história das finanças públicas e fiscais; também lá o especialista deve ser mais do que um estrito historiador das finanças, no sentido antigo do termo; ele precisa ser historiador do governo e pelo menos um pouco economista. Infelizmente, a fragmentação da história em subseções, monopólios de especialistas, e a ideia de que certos aspectos da história estão na moda, enquanto outros saíram de moda, não contribuiu muito para essa causa."[3]

O Estado é resultado de um processo de concentração de diferentes tipos de capital, capital de força física ou de instrumentos de coerção (exército, polícia), capital econômico, capital cultural, ou melhor, de informação, capital simbólico, concentração que, enquanto tal, constitui o Estado como detentor de uma espécie de metacapital, com poder sobre os outros tipos de capital e sobre seus detentores. A concentração de diferentes tipos de capital (que vai junto com a construção dos diversos campos correspondentes) leva, de fato, à *emergência* de um capital específico, propriamente estatal, que permite ao Estado exercer um poder sobre os diversos campos e sobre os diferentes tipos específicos de capital, especialmente sobre as taxas de câmbio entre eles (e, concomitantemente, sobre as relações de força entre seus detentores). Segue-se que a construção

---

3. Richard Bonney. "Guerre, fiscalité et activité d'État en France (1500-1600): Quelques remarques préliminaires sur les possibilités de recherche", *in*: Ph. Genet e M. Le Mené (eds.) *Genèse de l'État moderne, Prélèvement et redistribution*. Paris, CNRS, 1987, pp. 193-201; cit. p. 193.

do Estado está em pé de igualdade com a construção do *campo do poder*, entendido como o espaço de jogo no interior do qual os detentores de capital (de diferentes tipos) lutam *particularmente* pelo poder sobre o Estado, isto é, sobre o capital estatal que assegura o poder sobre os diferentes tipos de capital e sobre sua reprodução (notadamente por meio da instituição escolar).

Ainda que as diferentes dimensões desses processos de concentração (forças armadas, fisco, direito etc.) sejam *interdependentes*, é preciso, pela exigência da exposição e da análise, examiná-las uma a uma.

A concentração do capital de força física foi privilegiada na maior parte dos modelos de gênese do Estado, desde os marxistas, inclinados a considerar o Estado como um simples órgão de coerção, até Max Weber e sua definição clássica, ou de Norbert Elias a Charles Tilly. Dizer que as forças de coerção (exército e polícia) se concentram, é dizer que as instituições com mandato para garantir a ordem são progressivamente separadas do mundo social comum; que a violência física não pode mais ser aplicada a não ser por um grupo especializado, com mandato especial para esse fim, claramente identificado no âmbito da sociedade, centralizado e disciplinado; e que o exército profissional faz pouco a pouco desaparecer as tropas feudais, ameaçando diretamente a nobreza em seu monopólio estatutário da função guerreira. (É preciso reconhecer que Norbert Elias, a quem, especialmente entre os historiadores, atribui-se, de modo errôneo, ideias ou teses que são parte do fundo comum da sociologia, teve o mérito de explorar todas as implicações da análise weberiana, ao mostrar que o Estado só pôde assegurar progressivamente o monopólio da violência destituindo seus concorrentes internos dos instrumentos da violência física e do direito de exercê-la, contribuindo assim para determinar uma das dimensões essenciais do "processo de civilização".)

O Estado nascente deve afirmar sua força física em dois contextos diferentes: no exterior, em relação a *outros Estados*, existentes ou virtuais (os príncipes concorrentes), na e pela guerra pela terra — que impõe a criação de exércitos poderosos; no interior, em relação aos contrapoderes (príncipes) e a resistências (classes dominadas). As forças armadas diferenciam-se, progressivamente, de um lado, como forças militares, destinadas à competição entre Estados, e, de outro, como forças policiais, destinadas à manutenção da ordem interna. (Nas sociedades sem Estado, como a antiga Cabília ou a Islândia das sagas[4], não existe delegação do exercício da violência a um grupo especializado, claramente identificado no âmbito da sociedade. Por conseguinte, não se pode escapar à lógica da vingança pessoal, *rekba, vendetta*, ou da autodefesa. Daí deriva a problemática da tragédia: o ato do justiceiro — Orestes — não é um crime igual ao ato inicial do criminoso? Questão que o reconhecimento da legitimidade do Estado leva a esquecer e que é lembrada em certas situações-limite.)

A concentração do capital de força física passa pela instauração de um fisco eficiente, concomitante à unificação do espaço econômico (criação do mercado nacional). A cobrança de impostos feita pelo Estado dinástico aplica-se diretamente ao conjunto dos súditos — e não, como o imposto feudal, apenas aos dependentes, que podem, por sua vez, taxar seus próprios homens. O imposto de Estado, que aparece no último decênio do século XII, desenvolve-se vinculado ao crescimento das *despesas de guerra*. Os imperativos da defesa do território, atribuídos primeiro ao olho por olho, tornam-se pouco a pouco a justificativa permanente do caráter "obrigatório" e "regular" de impostos percebidos "sem limite de tempo, a não ser o definido pelo rei regularmente" e aplicados direta ou indiretamente "a todos os grupos sociais".

Instaura-se assim, progressivamente, uma lógica econômica específica, fundada sobre o *imposto sem contrapartida*, a *redistribuição* funcionando como princípio de transformação do capital

---

[4]. Cf. W.I. Miller, *Bloodtaking and peacemaking*. Chicago, The University of Chicago, 1990.

econômico em capital simbólico, primeiro concentrado na pessoa do príncipe. (Seria preciso analisar em detalhe a passagem progressiva de um uso "patrimonial" — ou "feudal" — dos recursos fiscais, pelo qual uma parte importante da renda pública é utilizada em dádivas ou liberalidades destinadas a assegurar ao príncipe o reconhecimento de competidores potenciais — e, assim, entre outras coisas, o reconhecimento da legitimidade do imposto fiscal — a um uso "burocrático" como "despesas públicas", transformação que é uma das dimensões fundamentais da transformação do Estado dinástico em Estado "impessoal".)

A instituição do imposto (contra a resistência dos contribuintes) está em relação de *causalidade circular* com o desenvolvimento das forças armadas, indispensáveis para ampliar ou defender o território controlado, donde a cobrança possível de tributos e impostos, mas também para impor, pela coerção, o pagamento desse imposto. A instituição do imposto foi o resultado de uma verdadeira *guerra interna*, feita pelos agentes do Estado contra as resistências dos súditos, que se descobrem como tais, principalmente, se não exclusivamente, descobrindo-se como pagadores, como contribuintes. As ordenações reais prescreviam quatro níveis de repressão em caso de atraso do imposto: embargo, constrangimento corporal (a prisão), constrangimentos solidários, alojamento de guarnições militares. Portanto, a *questão da legitimidade* do imposto não pode deixar de ser colocada (Norbert Elias tem razão ao observar que, no início, a cobrança de impostos apresenta-se como uma espécie de extorsão). Só progressivamente se passa a ver no imposto um tributo necessário às necessidades de um destinatário que transcende a pessoa do rei, isto é, esse "corpo fictício" que é o Estado.

A *fraude fiscal* existe ainda hoje para mostrar que a legitimidade do imposto não é dada. Sabemos que, na fase inicial, a resistência armada não era considerada como desobediência às ordenações reais, mas como defesa moralmente legítima dos direitos da família contra um fisco ao qual se recusava a identificação com o monarca justo e paternal.[5] Desde os pagamentos feitos na boa e devida forma ao Tesouro real, até o último subcoletor, encarregado do tributo local, interpunha-se uma cascata de coletores e de subcoletores que faziam surgir a suspeita reiterada de alienação do imposto e de usurpação da autoridade, uma longa cadeia de pequenos encarregados, frequentemente malpagos, suspeitos de corrupção, tanto aos olhos de suas vítimas quanto aos olhos dos detentores de ofícios de nível mais alto.[6] O reconhecimento de uma instância transcendente aos agentes encarregados de atualizá-la, realeza ou Estado, posta assim ao abrigo da crítica profana, encontrou sem dúvida um fundamento prático na dissociação entre o rei e os executores injustos e corrompidos que o enganavam ao mesmo tempo em que enganavam o povo. (Essa disjunção do rei ou do Estado em relação às encarnações concretas do poder realiza-se no mito do "rei oculto".[7])

A concentração das forças armadas e dos recursos financeiros necessários para mantê-las não funciona sem a concentração de um capital simbólico de reconhecimento, de legitimidade. É preciso que os corpos de agentes encarregados de cobrar o imposto e capazes de fazê-lo sem desviá-lo em proveito próprio e os métodos de governo e de gestão que ele põe em ação — contabilidade, arquivos, julgamento das desavenças, procedimentos, controle dos procedimentos etc. — possam ser conhecidos e reconhecidos como legítimos, que sejam "facilmente identificados com a pessoa, a dignidade do poder", "que os guardas usem *sua libré*, sejam autorizados por *seus emblemas*, e justifiquem seus mandados em seu nome"; e também que os simples contribuintes possam "reconhecer a libré dos guardas, os escudos de armas das

---

5. Cf. J. Dubergé. *La psychologie sociale de l'impôt*. Paris, PUF, 1961, e G. Schmolders. *Psychologie des finances et de l'impôt*. Paris, PUF, 1973.
6. R.H. Hilton. "Resistance to taxation and to other state impositions in Medieval England", *in: Genèse de l'État moderne, op.cit.*, pp. 169-177, especialmente pp. 173-174.
7. Cf. Y.-M. Bercé. *Le roi caché*. Paris, Fayard, 1991.

guaritas" e distinguir "os guardas dos coletores, agentes de financistas detestados e desprezados, dos cavaleiros reais, dos arqueiros do marechalato, do Preboste do Paço ou dos Guardas de Corpos, considerados inatacáveis em razão de sua túnica com as cores da realeza."[8]

Todos os autores concordam em associar o desenvolvimento progressivo do reconhecimento da legitimidade dos impostos oficiais à emergência de uma forma de nacionalismo. De fato, é provável que a percepção geral sobre os impostos tenha contribuído para a unificação do território ou, mais exatamente, para a construção, na realidade e nas representações, do Estado como *território unitário*, como realidade unificada pela submissão às mesmas obrigações, elas mesmas impostas pelos próprios imperativos de defesa. É também provável que essa consciência "nacional" tenha se desenvolvido antes entre os membros das *instituições representativas*, que surgem vinculadas à discussão sobre o imposto: de fato, sabemos que essas instâncias estão tanto mais dispostas a consentir nos impostos quanto mais esses lhes pareçam motivados, não pelos interesses privados do príncipe, mas pelos *interesses do país*, na primeira linha dos quais estão os imperativos de *defesa* do território. O Estado inscreve-se progressivamente em um espaço que não é ainda esse espaço nacional que se tornará em seguida, mas que já se apresenta como uma *instância de soberania*, por exemplo, com o monopólio do direito de imprimir moedas (o ideal dos príncipes feudais e, mais tarde, dos reis da França era que nos territórios submetidos a seu domínio se utilizasse apenas a sua moeda, pretensão que só será realizada sob Luís XIV), e como suporte de um valor simbólico transcendente.

A concentração do capital econômico vinculado à instauração de um fisco unificado acompanha a concentração do *capital de informação* (do qual o capital cultural é uma dimensão), ele

---

8. Y.-M. Bercé. "Pour une étude institutionnelle et psychologique de l'impôt moderne", in: *Genèse de l'État moderne, op. cit.*

próprio acompanhado da unificação do mercado cultural. Assim, muito cedo, os poderes públicos realizam pesquisas a respeito do estado dos recursos (por exemplo, desde 1194, a "avaliação dos sargentos", enumeração dos carretos e dos homens armados que 83 aldeias e abadias reais deviam fornecer quando o rei reunisse seu exército; em 1221, um embrião de orçamento, um rol de receita e despesa). O Estado concentra a informação, que analisa e redistribui. Realiza, sobretudo, uma *unificação teórica*. Situando-se do ponto de vista do Todo, da sociedade em seu conjunto, ele é o responsável por todas as operações de *totalização*, especialmente pelo recenseamento e pela *estatística* ou pela contabilidade nacional, pela *objetivação*, por meio da cartografia, representação unitária, do alto, do espaço, ou simplesmente por meio da escrita, instrumento de acumulação do conhecimento (por exemplo, com os arquivos) e de *codificação* como unificação cognitiva que implica a centralização e a monopolização em proveito dos amanuenses ou dos letrados.

A Cultura é unificadora: o Estado contribui para a unificação do mercado cultural ao unificar todos os códigos — jurídico, linguístico, métrico — e ao realizar a homogeneização das formas de comunicação, especialmente a burocrática (por exemplo, os formulários, os impressos etc.). Por meio dos sistemas de classificação (especialmente de acordo com a idade e o sexo) inscritos no direito, dos procedimentos burocráticos, das estruturas escolares e dos rituais sociais, especialmente notáveis no caso da Inglaterra e do Japão, o Estado molda as *estruturas mentais* e impõe princípios de visão e de divisão comuns, formas de pensar que estão para o pensamento culto assim como as formas primitivas de classificação descritas por Durkheim e Mauss estão para o "pensamento selvagem", contribuindo para a construção do que designamos comumente como identidade nacional — ou, em linguagem mais tradicional, o caráter nacional. (É sobretudo por meio da Escola que, com a generalização da educação primária durante o século XIX, se exerce a ação unificadora do Estado na questão da cultura, elemento fundamental da construção do Estado-nação. A criação da sociedade nacional acompanha a afirmação da possibilidade da educação universal: todos os indivíduos são iguais perante a lei, o Estado tem o dever de fazer deles cidadãos, dotados dos meios culturais de exercer ativamente seus direitos civis.)

Ao impor e inculcar universalmente (nos limites de seu âmbito) uma cultura dominante assim constituída em cultura *nacional legítima*, o sistema escolar, particularmente através do ensino da história e, especialmente, da história da literatura, inculca os fundamentos de uma verdadeira "religião cívica" e, mais precisamente, os pressupostos fundamentais da imagem (nacional) de si. Assim, como Philip Corrigan e Derek Sayer mostram, os ingleses aderem em ampla medida — isto é, bem além dos limites da classe dominante — ao culto de uma cultura duplamente especial, burguesa e nacional, por exemplo, com o mito da *Englishness*, entendido como conjunto de qualidades indefiníveis e inimitáveis (pelos não ingleses) — *reasonableness, moderation, pragmatism, hostility to ideology, quirkiness, eccentricity*.[9] Bem visível no caso da Inglaterra, que perpetua com uma extraordinária continuidade (no ritual judiciário ou no culto à família real, por exemplo) uma tradição muito antiga, ou no caso do Japão, onde a invenção da cultura nacional está diretamente ligada à invenção do Estado, na França a dimensão nacionalista da cultura é mascarada por uma aparência universalista: a propensão a conceber a anexação à cultura nacional como promoção à universal é tanto o princípio da visão brutalmente integradora da tradição republicana (particularmente alimentada pelo mito fundador da Revolução universal) quanto das formas perversas do imperialismo universalista e do nacionalismo internacionalista.[10]

---

9. Ph. Corrigan e D. Sayer. *The great arch, English state formation as cultural revolution*. Oxford, Basil Blackwell, 1985, p.103 ss.
10. Cf. P. Bourdieu. "Deux impérialismes de l'universel", *in*: C. Fauré e T. Bishop (eds.) *L'Amérique des Français*. Paris, Françoise Bourin, 1992, pp. 149-155. A cultura é parte tão profunda dos símbolos patrióticos que todo questionamento crítico sobre suas funções e seu funcionamento tende a ser percebido como *traição* e sacrilégio.

A unificação cultural e linguística é acompanhada pela imposição da língua e da cultura dominantes como legítimas e pela rejeição de todas as outras como indignas (patoá). O acesso de uma língua ou de uma cultura particular à universalidade tem como efeito remeter todas as outras à particularidade; além disso, dado que a universalização das exigências assim instituídas não é acompanhada pela universalização do acesso aos meios de satisfazê-las, ela favorece tanto a monopolização do universal por alguns quanto o esbulho de todos os outros, de certa maneira mutilados em sua humanidade.

O capital simbólico

Tudo remete à concentração de um capital simbólico de autoridade reconhecida que, ignorado por todas as teorias sobre a gênese do Estado, surge como a condição ou, pelo menos, como o acompanhamento de todas as outras formas de concentração, se elas têm uma certa permanência. O capital simbólico é uma propriedade qualquer (de qualquer tipo de capital, físico, econômico, cultural, social), percebida pelos agentes sociais cujas categorias de percepção são tais que eles podem entendê-las (percebê-las) e reconhecê-las, atribuindo-lhes valor. (Um exemplo: a honra nas sociedades mediterrâneas é uma forma típica de capital simbólico que só existe pela reputação, isto é, pela representação que os outros fazem dela, na medida em que compartilham um conjunto de crenças apropriadas a fazer com que percebam e apreciem certas propriedades e certas condutas como honrosas ou desonrosas.) Mais precisamente, é a forma que todo tipo de capital assume quando é percebido através das categorias de percepção, produtos da incorporação das divisões ou das oposições inscritas na estrutura da distribuição desse tipo de capital (como forte/frágil, grande/pequeno, rico/pobre, culto/inculto etc.). Segue-se que o Estado, que dispõe de meios de impor e de inculcar princípios duráveis de visão e de divisão de acordo com suas próprias estruturas, é o lugar por excelência da concentração e do exercício do poder simbólico.

O processo de concentração do capital jurídico, forma objetivada e codificada do capital simbólico, segue sua *lógica própria*, que não é a da concentração do capital militar nem a do capital financeiro. Na Europa, nos séculos XII e XIII, coexistem jurisdições eclesiásticas, as cortes do cristianismo, e diversas jurisdições laicas, a justiça do rei, as justiças senhoriais, as dos comuns (das aldeias), as das corporações, as do comércio.[11] A jurisdição do senhor justiceiro só se exerce sobre os vassalos e todos os que moram em suas terras (os vassalos nobres, os homens livres não nobres e os servos estavam submetidos a regras diferentes). Originalmente, o rei só tem jurisdição sobre o domínio real e apenas julga os processos entre seus vassalos diretos e os habitantes de seus próprios domínios; mas, como observa Marc Bloch, pouco a pouco, a justiça real "insinua-se" em toda a sociedade.[12] Apesar de não ser o resultado de uma intenção, e ainda menos de um plano, de não ser objeto de nenhum acordo entre aqueles que dele se beneficiam, especialmente o rei e os juristas, o movimento de concentração orienta-se sempre em uma mesma direção, e cria-se um aparelho jurídico. Primeiro, os prebostes dos quais fala o "testamento de Filipe Augusto" (1190), depois os magistrados, oficiais superiores da realeza, que controlam as cortes solenes e os prebostes; em seguida, com São Luís, corpos diferenciados, o Conselho de Estado, o Tribunal de Contas, o tribunal judiciário (a *Curia regis* propriamente dita), que toma o nome de Parlamento e que, sedentário e composto exclusivamente de legisladores, torna-se um dos principais instrumentos da concentração do poder judiciário nas mãos do rei, graças ao procedimento da apelação.

---

11. Cf. A. Esmelin. *Histoire de la procédure criminelle en France et spécialement de la procédure inquisitoire depuis le XIIe siècle jusqu'à nos jours*. Paris, 1882. Reedição: Frankfurt, Verlag Sauer und Auvermann KG, 1969; e H. J. Berman. *Law and revolution, The formation of western legal tradition*. Cambridge, Harvard University Press, 1983.
12. M. Bloch. *Seigneurie française et manoir anglais*. Paris, A. Colin, 1967, p. 85.

A justiça real, pouco a pouco, chama para si a maior parte das causas criminais que antes iam parar nos tribunais dos senhores ou da Igreja: os "casos reais", que atingem os direitos da realeza, são reservados aos funcionários reais (casos de crimes de lesa-majestade: moedeiros falsos, falsificadores de sinete); mas os juristas desenvolvem, sobretudo, uma *teoria da apelação*, que submete ao rei todas as jurisdições do reino. Enquanto as cortes feudais eram soberanas, admitia-se que, em qualquer julgamento feito por um senhor justiceiro, a parte ofendida poderia recorrer ao rei, se o julgamento fosse contrário aos costumes da região: esse procedimento, chamado de súplica, transforma-se aos poucos em apelação. Os julgadores progressivamente desaparecem das cortes feudais para dar lugar a juristas profissionais, a oficiais de justiça. A apelação segue a regra do domínio: apela-se do senhor inferior ao senhor de nível superior e, do duque ou do conde, ao rei (sem poder saltar níveis e apelar diretamente ao rei).

Apoiando-se sobre os *interesses específicos dos juristas* (exemplo típico de interesse pelo universal), vinculados ao Estado e que, como veremos, criam todo tipo de teorias legitimadoras, de acordo com as quais o rei representa o interesse comum e deve a todos segurança e justiça, a realeza restringe a competência das jurisdições feudais (e faz o mesmo com as jurisdições eclesiásticas: limitando, por exemplo, o direito de asilo da Igreja).

O processo de *concentração* do capital jurídico acompanha o processo de *diferenciação* que resultou na constituição de um campo jurídico autônomo. O *corpo judiciário* organiza-se e hierarquiza-se: os prebostes tornam-se juízes comuns de casos comuns; os meirinhos e os fiscais de ambulantes sedentarizam-se e contam, cada vez mais, com lugares tenentes que se tornam oficiais de justiça irremovíveis, que aos poucos destituem os titulares, os meirinhos, que passam a ter funções puramente honoríficas. No século XIV, temos a aparição do *ministério público*, encarregado da perseguição por ofício. O rei tem também procuradores titulares, que agem em seu nome, e que, pouco a pouco, se tornam funcionários.

O decreto de 1670 encerra o processo de concentração que progressivamente despojou as jurisdições eclesiásticas e senhoriais em proveito das jurisdições reais. Ele ratificou as conquistas progressivas dos juristas: a competência do local do delito torna-se regra; a precedência dos juízes do rei sobre os senhores é confirmada; os casos da realeza são arrolados; os privilégios eclesiásticos e comunais são anulados, estabelecendo-se que os juízes de apelação sejam sempre juízes do rei. Em resumo, a competência delegada sobre uma certa *instância* (um território) toma o lugar da precedência ou da autoridade diretamente exercida sobre as pessoas.

Em seguida, a construção das estruturas jurídico-administrativas constitutivas do Estado acompanha, na França, a construção do corpo de juristas e do que Sarah Hanley chama de *"Family-State compact"*, o contrato entre o corpo de juristas que se constitui como tal, controlando rigorosamente sua própria reprodução, e o Estado. *"The Family-State compact provided a formidable family model of socioeconomic authority which influenced the state model of political power in the making at the same time."*[13]

A concentração do capital jurídico é um aspecto, ainda que central, de um processo mais amplo de concentração do capital simbólico sob suas diferentes formas, fundamento da autoridade específica do detentor do poder estatal, particularmente de seu poder, misterioso, de nomear. Assim, por exemplo, o rei esforça-se para controlar o conjunto de circulação das *honrarias* a que os fidalgos podiam aspirar: empenha-se em tornar-se senhor das grandes benesses eclesiásticas, das ordens de cavalaria, da distribuição de cargos militares, de cargos na corte e, por último e sobretudo, dos títulos de nobreza. Assim, pouco a pouco, constitui-se *uma instância central de nomeação*.

---

13. S. Hanley. "Engendering the State: Family formation and State building in early modern France", *French Historical Studies* 16 (primavera de 1989), pp. 4-27. ("O conjunto família-estado oferecia um imponente modelo da autoridade socioeconômica baseado na família, que influenciou o modelo de poder político do Estado em formação na mesma época.")

Isso faz lembrar os nobres de Aragão que, de acordo com V.G. Kiernan, diziam-se *ricoshombres de natura*, fidalgos por natureza ou nascimento, por oposição aos nobres criados pelo rei. A distinção, que evidentemente tem seu papel nas lutas no interior da nobreza e entre a nobreza e o poder do rei, é importante: ela opõe duas vias de acesso à nobreza; a primeira, "natural", não é senão a hereditariedade e o reconhecimento público — pelos outros nobres e pelos plebeus; a segunda, legal, é o enobrecimento pelo rei. Ambas as formas de consagração coexistiram durante longo período. Mas, como bem mostra Arlette Jouanna[14], com a concentração do poder de enobrecer nas mãos do rei, *a honra estatutária*, fundada no reconhecimento dos pares e dos plebeus, afirmada e defendida pelo desafio e a proeza, pouco a pouco, dá lugar às *honrarias atribuídas pelo Estado*, que, como uma moeda fiduciária ou um título escolar, tem valor em todos os mercados controlados pelo Estado. Como consequência, o rei concentra cada vez mais o capital simbólico (o que Mousnier chama de *"as fidelidades"*[15]) e seu poder de distribuir esse capital sob a forma de cargos e de honrarias concebidas como recompensas não cessa de crescer: o capital simbólico da nobreza (honra, reputação), que se apoiava na estima social, tacitamente atribuída por consenso social mais ou menos consciente, encontra uma objetivação estatutária, quase burocrática (sob a forma de editos e de decretos que apenas reconhecem o consenso). Podemos ver um indicador disso nas "grandes pesquisas sobre a nobreza", feitas por Luís XIV e Colbert: o decreto de 22 de março de 1666 ordena a criação de "um *catálogo* com os nomes, sobrenomes, residência e brasão dos verdadeiros fidalgos". Os intendentes passam pelo crivo os títulos de nobreza (os genealogistas das ordens do rei e o juiz de brasões entram em conflito a respeito de quem é verdadeiramente nobre). Como

---

14. A. Jouanna. *Le devoir de révolte, la noblesse française et la gestation de l'État moderne, 1559-1561.* Paris, Fayard, 1989.
15. R. Mousnier. *Les institutions de la France sous la monarchie absolue.* I, Paris, PUF, 1980, p. 94.

ocorre com a nobreza togada, que deve sua posição a seu capital cultural, estamos muito próximos da lógica da nomeação estatal e do *cursus honorum* ancorado no título escolar.

Em resumo, passamos de um capital simbólico difuso, apoiado apenas no reconhecimento coletivo, a um *capital simbólico objetivado*, codificado, delegado e garantido pelo Estado, burocratizado. As *leis suntuárias*, que tendem a regulamentar de maneira rigorosamente hierarquizada a distribuição de manifestações simbólicas (especialmente as vestimentas) entre os nobres e os plebeus, e talvez sobretudo entre os diferentes níveis da nobreza, são um exemplo bem claro desse processo.[16] O Estado regulamenta o uso de tecidos e de guarnições de ouro, prata e seda: assim, garante a nobreza contra a usurpação dos plebeus, mas, ao mesmo tempo, estende e reforça seu controle sobre a hierarquia no interior da nobreza.

O declínio do poder de distribuição autônoma dos senhores tende a assegurar ao rei o monopólio do enobrecimento e a transformação progressiva dos cargos, concebidos como recompensas, em postos de responsabilidade, que exigiam competência e a inscrição em um *cursus honorum*, evocativo de uma carreira burocrática, assegura a ele o monopólio da *nomeação*. Assim, pouco a pouco, institui-se essa forma extremamente misteriosa de poder que é o *power of appointing and dismissing the high officers of state*. Constituído, assim, em *fountain of honour, of office and of privilege*, no dizer de Blackstone, o Estado distribui as honrarias (*honours*), sagrando *knights* e *baronets*, inventando novas ordens de cavalaria (*knighthood*), conferindo precedências cerimoniais, nomeando pares (*peers*) e todos os detentores de funções públicas importantes.[17]

---

16. M. Fogel. "Modèle d'état et modèle social de dépense: Les lois somptuaires en France de 1485 à 1560", *in*: Ph. Genet e M. Le Mené, *Genèse, op. cit.*, pp. 227-235, especialmente p. 232.
17. F.W. Maitland. *The constitutional history of England*. Cambridge, Cambridge University Press, 1948, p. 429.

Definitivamente, a nomeação é um ato misterioso, que obedece a uma lógica semelhante à da magia, tal como a descreve Marcel Mauss. Assim como o feiticeiro mobiliza todo o capital de crença acumulado pelo funcionamento do universo mágico, o presidente da república que assina um decreto de nomeação ou o médico que assina um atestado (de doença, de invalidez etc.) mobilizam um capital simbólico acumulado em toda a rede de relações de reconhecimento, constitutivas do universo burocrático. Quem atesta a validade do atestado? Aquele que assinou o título que licencia para atestar. Mas quem deu licença a este? Somos levados a uma regressão ao infinito, ao final da qual "é preciso parar" e podemos, como os teólogos, escolher atribuir o nome de Estado ao último (ou ao primeiro) anel da longa cadeia dos atos oficiais de consagração.[18] É ele que, agindo como uma espécie de banco de capital simbólico, garante todos os atos de autoridade, atos arbitrários, mas que não são vistos como tais, atos de "impostura legítima", como diz Austin: o presidente da república é alguém que se toma por presidente da república, mas que, diferentemente do louco que se toma por Napoleão, é reconhecido como autorizado a fazê-lo.

A nomeação ou o atestado pertencem à categoria dos atos ou discursos *oficiais*, simbolicamente eficientes porque realizados em situação de autoridade, por pessoas autorizadas, "oficiais", agindo *ex officio* como detentores de um *officium (publicum)*, de uma função ou de um cargo atribuído pelo Estado: o veredito do juiz ou do professor, os procedimentos de registro oficial, averiguações ou atas de sessão, atos destinados a produzir um efeito de direito, como os atos do estado civil, de nascimento, casamento ou falecimento, ou os atos de venda, tem a capacidade de *criar* (ou de instituir), pela magia da nomeação oficial, uma declaração pública, cumprida nas formas prescritas, pelos agentes autorizados

---

18. Tratando de Kafka, mostrei como a visão sociológica e a visão teológica se encontram, apesar da oposição aparente (P. Bourdieu. "La dernière instance", *in*: *Le siècle de Kafka*. Paris, Centre Georges-Pompidou, 1984, pp. 268-270).

e devidamente registrada nos registros oficiais, de identidades sociais socialmente garantidas (as de cidadão, de eleitor, de contribuinte, de pai, de proprietário etc.), ou de uniões e de grupos legítimos (famílias, associações, sindicatos, partidos etc.). Ao enunciar, com autoridade, que um ser, coisa ou pessoa, existe em verdade (veredito) em sua definição social legítima, isto é, é o que está autorizado a ser, o que tem direito a ser, o ser social que ele tem o direito de reivindicar, de professar, de exercer (por oposição ao exercício ilegal), o Estado exerce um verdadeiro poder *criador*, quase divino (uma série de lutas, aparentemente dirigidas contra ele, reconhece, de fato, esse poder ao lhe pedir que autorize uma categoria de agentes determinados — as mulheres, os homossexuais — a ser oficialmente, isto é, pública e universalmente, o que ela é, até então, apenas para si mesma). Basta pensar na forma de imortalidade que ele concede, através de atos de consagração, como as comemorações ou a canonização escolar, para que se possa dizer, alterando as palavras de Hegel, que "o juízo do Estado é o juízo final". (Dado que a publicação, no sentido de procedimento que tem como objetivo tornar público, levar ao conhecimento de todos, encerra sempre a possibilidade de uma usurpação do direito de exercer a violência simbólica legítima, que é própria do Estado — e que se afirma, por exemplo, na promulgação de uma lei, o Estado pretende sempre regulamentar todas as formas de edição, impressão e publicação de livros, representações teatrais, discurso público, caricatura etc.)

A construção estatal dos espíritos

Para compreender verdadeiramente o poder do Estado no que ele tem de mais específico, isto é, a forma particular de eficácia simbólica que ele exerce, é preciso, como sugeri em um artigo já antigo[19], integrar em um mesmo modelo explicativo tradições intelectuais tradicionalmente percebidas como incompatíveis. As-

---
19. P. Bourdieu. "Sur le pouvoir symbolique", *Annales* 3 (junho de 1977), pp. 405-441.

sim, é preciso, primeiro, superar a oposição entre uma visão fisicalista do mundo social, que concebe as relações sociais como relações de força física, e uma visão "cibernética" ou semiológica, que faz das relações de força simbólica, relações de sentido, relações de comunicação. As relações de força mais brutais são, ao mesmo tempo, relações simbólicas e os atos de submissão, de obediência, são atos cognitivos que, como tais, põem em prática as estruturas cognitivas, as formas e categorias de percepção, os princípios de visão e de divisão: os agentes sociais constroem o mundo social através de estruturas cognitivas ("formas simbólicas", como diz Cassirer; formas de classificação, como diz Durkheim; princípios de visão e de divisão; várias maneiras de dizer a mesma coisa em tradições teóricas mais ou menos distanciadas), suscetíveis de serem aplicadas a todas as coisas do mundo e, em particular, às estruturas sociais.

Essas estruturas cognitivas são formas historicamente constituídas, logo, arbitrárias, no sentido de Saussure, convencionais, *ex instituto*, como dizia Leibniz, das quais se pode traçar a gênese social. Generalizando a hipótese de Durkheim, segundo a qual as "formas de classificação" que os "primitivos" aplicam ao mundo são produto da incorporação das estruturas dos grupos nas quais eles estão inseridos, podemos supor que, nas sociedades diferenciadas, o Estado pode impor e inculcar de modo universal, na escala de um certo âmbito territorial, estruturas cognitivas e de avaliação idênticas, ou semelhantes, e que é desse fato que deriva um "conformismo lógico" e um "conformismo moral" (expressões de Durkheim), um acordo tácito, pré-reflexivo, imediato, sobre o sentido do mundo, que é o fundamento da experiência do mundo como "mundo do senso comum". (Os fenomenólogos, que esclareceram essa experiência, e os etnometodólogos, que se atribuem o projeto de descrevê-la, não oferecem os modos de fundamentá-la, de mostrar sua razão: deixam de colocar em questão a construção social dos princípios de construção da realidade social que se esforçam por explicitar, e de questionar a contribuição do Estado para a constituição dos princípios de constituição que os agentes põem em prática para produzir a ordem social.) Em sociedades pouco diferenciadas, é através de toda a organização espacial e temporal da vida social e, especialmente, através de *ritos de instituição*, que estabelecem diferenças definitivas entre aqueles que sofreram o rito e aqueles que não o sofreram, que se instituem nos espíritos (ou nos corpos) os princípios de visão e de divisão comuns (cujo paradigma é a oposição entre o masculino e o feminino). Nas nossas sociedades, o Estado contribui de maneira determinante na produção e reprodução dos instrumentos de construção da realidade social. Enquanto estrutura organizacional e instância reguladora das práticas, ele exerce permanentemente uma ação formadora de disposições duradouras, através de todos os constrangimentos e disciplinas corporais e mentais que impõe, de maneira uniforme, ao conjunto dos agentes. Ou seja, ele impõe e inculca todos os princípios de classificação fundamentais, de acordo com o sexo, a idade, a "competência" etc., e é o fundamento da eficácia simbólica de todos os ritos institucionais, de todos os que fundamentam a família, por exemplo, e também de todos os que operam no funcionamento do sistema escolar, lugar de *consagração*, no qual se instituem, entre os eleitos e os eliminados, diferenças duradouras, frequentemente definitivas, à maneira daquelas instituídas pelo ritual de ampliação da nobreza.

A construção do Estado é acompanhada pela construção de uma espécie de um transcendental histórico comum, imanente a todos os seus "sujeitos". Através do enquadramento que impõe às práticas, o Estado instaura e inculca formas e categorias de percepção e de pensamento comuns, quadros sociais da percepção, da compreensão ou da memória, estruturas mentais, formas estatais de classificação. E cria, assim, as condições de uma espécie de orquestração imediata de *habitus* que é, ela própria, o fundamento de uma espécie de consenso sobre esse conjunto de evidências compartilhadas, constitutivas do senso comum. Assim é, por exemplo, que os grandes ritmos do calendário social, especialmente a estrutura das férias escolares, determinam as grandes "migrações sazonais" das sociedades contemporâneas, que garantem, ao mesmo tempo, referências objetivas comuns e princípios de divisão subjetivos coletivos, assegurando, para além da irredutibilidade do tempo vivido, "experiências internas do tempo" suficientemente compartilhadas para tornar possível a vida social.

Mas, para compreender verdadeiramente a submissão imediata que a ordem estatal obtém, é preciso romper com o intelectualismo da tradição neokantiana e perceber que as estruturas cognitivas não são formas da consciência, mas disposições do corpo, e que a obediência que prestamos às injunções estatais não pode ser compreendida como submissão mecânica a uma força nem como consentimento consciente a uma ordem (no sentido duplo). O mundo social está semeado de *chamados à ordem*, que só funcionam como tais para aqueles que estão predispostos a percebê-los, e que *reanimam* disposições corporais profundamente enraizadas, que não passam pelas vias da consciência e do cálculo. É essa submissão dóxica dos dominados às estruturas de uma ordem social da qual suas estruturas mentais são o produto que o marxismo impede de compreender, porque permanece encerrado na tradição intelectualista das filosofias da consciência: na noção de "falsa consciência", que invoca para dar conta dos efeitos de dominação simbólica, é "consciência" que está demais, e falar de "ideologia" é situar na ordem das *representações*, suscetíveis de transformação através dessa conversão intelectual que chamamos de "tomada de consciência", o que se situa na ordem das *crenças*, isto é, nas mais profundas das disposições corporais. A submissão à ordem estabelecida é produto do acordo entre as estruturas cognitivas que a história coletiva (filogênese) e individual (ontogênese) inscreveram nos corpos e nas estruturas objetivas do mundo ao qual se aplicam: a evidência das injunções do Estado só se impõe de maneira tão poderosa porque ele impôs as estruturas cognitivas segundo as quais é percebido. (Seria preciso retomar, dessa perspectiva, uma análise das condições que tornam possível o sacrifício supremo: *pro patria mori*.)

Mas é preciso superar a tradição neokantiana, mesmo em sua forma durkheimiana, em um outro ponto, pedindo à tradição estruturalista os instrumentos indispensáveis para pensar os fatos simbólicos como sistemas. De fato, se o estruturalismo simbólico, ao privilegiar o *opus operatum*, se condena a ignorar a dimensão ativa da produção simbólica, especialmente a mítica, isto é, a questão do *modus operandi*, ele teve, com Lévi-Strauss (ou o Foucault de *As palavras e as coisas*), o mérito de dedicar-se a resgatar a coerência dos sistemas simbólicos, considerados como tais, isto é, um dos princípios mais importantes de sua *eficácia* (como se percebe bem no caso do direito, onde ela é deliberadamente buscada, mas também no caso do mito e da religião). A ordem simbólica apoia-se sobre a imposição, ao conjunto dos agentes, de estruturas cognitivas que devem parte de sua consistência e de sua resistência ao fato de serem, pelo menos na aparência, coerentes e sistemáticas e estarem objetivamente em consonância com as estruturas objetivas do mundo social. É nesse acordo imediato e tácito (oposto em tudo a um contrato explícito) que se apoia a relação de submissão dóxica que nos liga, por todos os liames do inconsciente, à ordem estabelecida. O reconhecimento da legitimidade não é, como acreditava Max Weber, um ato livre da consciência esclarecida. Ela se enraíza no acordo imediato entre as estruturas incorporadas, tornadas inconscientes, como as que organizam os ritmos temporais (por exemplo, a divisão em *horas*, inteiramente arbitrária, do emprego do tempo escolar), e as estruturas objetivas.

É esse acordo pré-reflexivo que explica a facilidade, de fato espantosa, com que os dominantes impõem sua dominação: "Nada é mais surpreendente, para quem considera as relações humanas com um olhar filosófico, do que perceber a facilidade com que os mais numerosos (*the many*) são governados pelos menos numerosos (*the few*) e observar a submissão implícita com que os homens anulam seus próprios sentimentos e paixões em favor de seus dirigentes. Quando nos perguntamos através de que meios essa coisa espantosa se realiza, percebemos que, como a força está sempre do lado dos governados, os governantes não têm nada que os sustente a não ser a opinião. O governo apoia-se, portanto, apenas sobre a opinião e esse axioma aplica-se tanto aos governos mais despóticos e mais militarizados quanto aos mais livres e mais populares."[20] O espanto de Hume coloca a questão fundamental de toda filosofia política, questão que paradoxalmente ocultamos ao colocar um problema que não se coloca verdadeiramente como tal na vida cotidiana, o da legitimidade. De fato, o que é problemático é que, no essencial, a ordem estabelecida não é um problema; fora das situações de crise, a questão da legitimidade do Estado, e da ordem que o institui, não se coloca. O Estado não tem, necessariamente, necessidade de dar ordens, ou de exercer coerção física, para produzir um mundo social ordenado: pelo menos enquanto puder produzir estruturas cognitivas incorporadas que estejam em consonância com as estruturas objetivas, assegurando assim a crença da qual falava Hume, a submissão dóxica à ordem estabelecida.

Dito isso, não se pode esquecer que essa crença política primordial, essa *doxa*, é uma ortodoxia, uma visão correta, dominante, que só se impôs ao cabo de lutas contra visões concorrentes; e que a "atitude natural" da qual falam os fenomenólogos, isto é, a experiência primária do mundo do senso comum, é uma relação politicamente construída, como as categorias de percepção que a tornam possível. O que se apresenta hoje como evidência, aquém da consciência e da escolha, foi, com frequência, alvo de lutas e só se instituiu ao fim de enfrentamentos entre dominantes e domina-

---

20. D. Hume. "On the first principles of government", *in: Essays and treatises on several subjects*, 1758.

dos. O principal efeito da evolução histórica é o de abolir a história, remetendo ao passado, isto é, ao inconsciente, os possíveis laterais que foram descartados. A análise da gênese do Estado como fundamento dos princípios de visão e de divisão vigentes na extensão de sua instância permite compreender tanto a adesão dóxica à ordem estabelecida pelo Estado como os fundamentos propriamente políticos dessa adesão aparentemente natural. A *doxa* é um ponto de vista particular, o ponto de vista dos dominantes, que se apresenta e se impõe como ponto de vista universal; o ponto de vista daqueles que dominam dominando o Estado e que constituíram seu ponto de vista em ponto de vista universal ao criarem o Estado.

Assim, para compreender inteiramente a dimensão propriamente simbólica do poder estatal, podemos utilizar a contribuição decisiva de Max Weber, em seus estudos sobre a religião, à teoria dos sistemas simbólicos, ao reintroduzir os agentes especializados e seus interesses específicos. De fato, se ele tem em comum com Marx o fato de se interessar menos pela estrutura dos sistemas simbólicos (que, aliás, ele não chama assim) do que por sua função, ele tem o mérito de chamar a atenção para os produtores desses produtos específicos (os agentes religiosos, no caso que o interessa) e para as suas *interações* (conflito, concorrência etc.). Diferentemente dos marxistas que silenciam sobre a existência de agentes especializados de produção — ainda que possamos invocar certo texto de Engels no qual ele diz que, para compreender o direito, é preciso interessar-se pelo corpo de juristas —, Weber lembra que, para compreender a religião, não basta estudar as formas simbólicas de tipo religioso, como Cassirer ou Durkheim, nem a estrutura imanente da mensagem religiosa, do *corpus* mitológico ou dos "discursos", como os estruturalistas; ele se detém nos produtores da mensagem religiosa, nos interesses específicos que os animam, nas estratégias que empregam em suas lutas (por exemplo, a excomunhão). E basta, então, aplicar o modo de pensar estruturalista (que lhe é estranho) não apenas aos sistemas simbólicos, ou melhor, ao espaço de *tomadas de posição* simbólicas (que não se reduz aos discursos) e também ao sistema de agentes que os produzem, ou melhor, ao espaço de *posições* que eles ocupam (o que chamo, por exemplo, de campo religioso) na concorrência que sofrem, para termos os meios de compreender esses sistemas simbólicos tanto em sua função quanto em sua estrutura e em sua gênese.

O mesmo ocorre com o Estado. Para compreender a dimensão simbólica do efeito do Estado, especialmente o que podemos chamar de *efeito de universal*, é preciso compreender o funcionamento específico do microcosmo burocrático; é preciso analisar a gênese e a estrutura desse universo de agentes do Estado, particularmente os juristas, que se constituíram em nobreza de Estado ao instituí-lo e, especialmente, ao produzir o discurso performativo sobre o Estado que, sob a aparência de dizer o que ele é, fez o Estado ao dizer o que ele deveria ser, logo, qual deveria ser a posição dos produtores desses discursos na divisão do trabalho de dominação. É preciso deter-se especialmente na estrutura do campo jurídico, examinar os interesses genéricos do corpo de detentores dessa forma particular de capital cultural, predisposto a funcionar como capital simbólico, que é a competência jurídica, e os interesses específicos que se impuseram a cada um deles em função de sua posição em um campo jurídico ainda fragilmente autônomo, no essencial, em relação ao poder real. Compreende-se assim que esses agentes tinham interesse em dar uma forma universal à expressão de seus interesses particulares, em criar uma teoria do serviço público, da ordem pública, e também em trabalhar para autonomizar a *razão de Estado* em relação à razão dinástica, à "casa do rei", em inventar a "*res publica*" e, logo, a república como instância transcendente aos agentes — ainda que se tratasse do rei — que são sua encarnação provisória: em virtude de seu capital específico e graças a ele, e a seus interesses particulares, eles foram levados a produzir um discurso de Estado que, oferecendo-lhes justificativas de sua posição, constituiu e instituiu o

Estado, *fictio juris* que, pouco a pouco, deixou de ser uma simples ficção de juristas para tornar-se uma ordem autônoma, capaz de impor amplamente a submissão a suas funções, e a seu funcionamento, e o reconhecimento de seus princípios.

A monopolização do monopólio

A construção do monopólio estatal da violência física e simbólica é uma construção inseparável da do campo de lutas pelo monopólio das vantagens vinculadas a esse monopólio. A unificação e a universalização relativa, associada à emergência do Estado, têm como contrapartida a monopolização por alguns dos recursos universais que ele produz e procura. (Weber, como Elias depois dele, ignorou o processo de constituição de um capital estatal e o processo de monopolização desse capital pela nobreza de Estado que contribuiu para produzi-lo, ou melhor, que se produziu como tal ao produzi-lo.) Mas esse *monopólio do universal* só pode ser obtido ao preço de uma submissão (pelo menos aparente) ao universal e de um reconhecimento universal da representação universalista da dominação, apresentada como legítima, desinteressada. Os que, como Marx, invertem a imagem oficial que a burocracia pretende dar de si mesma e descrevem os burocratas como usurpadores do universal, agindo como proprietários privados de recursos públicos, ignoram os efeitos bastante reais da referência obrigatória aos valores de neutralidade e de devotamento desinteressado ao bem público que se impõe com força crescente aos funcionários do Estado, à medida que avança a história do longo trabalho de construção simbólica, ao final do qual é inventada e imposta a representação oficial do Estado como lugar da universalidade e do serviço do interesse geral.

A monopolização do universal é resultado de um trabalho de universalização realizado principalmente no interior do próprio campo burocrático. Como mostra, por exemplo, a análise do funcionamento dessa instituição estranha que chamamos *comissão* — conjunto de pessoas investidas de uma missão de interesse geral e conclamadas a transcender seus interesses particulares para produzir propostas universais —, as personagens oficiais devem trabalhar sem cessar, senão para sacrificar seu ponto de vista particular ao "ponto de vista da sociedade", ao menos para constituir seu ponto de vista como ponto de vista legítimo, isto é, universal, principalmente recorrendo a uma retórica do oficial.

O universal é objeto de um reconhecimento universal e o sacrifício dos interesses egoístas (especialmente econômicos) é universalmente reconhecido como legítimo (o julgamento coletivo podendo apenas perceber e aprovar, no esforço da passagem do ponto de vista singular e egoísta do indivíduo ao ponto de vista do grupo, uma manifestação de reconhecimento do valor do grupo e do próprio grupo como fundador de todo valor, logo, uma passagem de *is* a *ought*). Isso implica que todos os universos sociais tendem a oferecer, em graus diferentes, lucros materiais ou simbólicos de universalização (mesmo aqueles que perseguem estratégias que visam "conformar-se às normas"); e que os universos, como o campo burocrático, que exigem com maior insistência a submissão ao universal, são especialmente favoráveis à obtenção de tais lucros.

O lucro da universalização é, sem dúvida, um dos motores históricos do progresso do universal. Isso na medida em que favorece a criação de universos nos quais são reconhecidos, ao menos verbalmente, valores universais (razão, virtude etc.) e nos quais se instaura um processo de reforço circular entre as estratégias de universalização, para obter lucros (ainda que negativos) associados ao conformismo às regras universais e às estruturas desses universos oficialmente consagrados ao universal. A visão sociológica não pode ignorar a distância entre a norma oficial, tal como enunciada no direito administrativo, e a realidade da prática administrativa, com todas as lacunas em relação à obrigação de desinteresse, todos os casos de "utilização privada do serviço público" (desvio de bens ou serviços públicos, corrupção ou tráfico de influência etc.) ou, de modo mais perverso, todos os "jeitinhos", tolerâncias administrativas, delongas, tráfico de cargos, que consistem em tirar proveito da não aplicação, ou da transgressão, do direito. Mas ela tampouco pode fechar os olhos para os efeitos da regra que exige que os agentes sacrifiquem seus interesses privados às obrigações inscritas em sua função ("o funcionário deve dedicar-se a sua função") ou, de modo mais realista, aos efeitos do interesse pelo desinteresse e por todas as formas de "hipocrisia piedosa" que a lógica paradoxal do campo burocrático pode estimular.

APÊNDICE
O ESPÍRITO DE FAMÍLIA

A definição dominante, legítima, da família normal (definição que pode ser explícita, como no direito, ou implícita, como, por exemplo, nos questionários do INED — Institut Nationale d'Études Démographiques — ou do INSEE dedicados à família), apoia-se em uma constelação de palavras — casa, unidade doméstica, *house, home, household* — que, sob a aparência de descrevê-la, de fato constroem a realidade social. De acordo com essa definição, a família é um conjunto de indivíduos aparentados, ligados entre si por aliança, casamento, filiação, ou, excepcionalmente, por adoção (parentesco), vivendo sob um mesmo teto (coabitação). Alguns etnometodólogos chegam a dizer que o que aceitamos como realidade é uma ficção especialmente construída através do léxico que recebemos do mundo social para nomeá-la. Eles se referem à "realidade" (o que, de seu próprio ponto de vista, tem seus problemas), para objetar que uma série de grupos que designamos como "famílias" absolutamente não correspondem à definição dominante nos Estados Unidos na atualidade e que a família nuclear é, na maior parte das sociedades modernas, uma experiência minoritária em relação aos casais que vivem juntos sem serem casados, às famílias monoparentais, aos casais casados que vivem separados etc.[21] De fato, a família que somos levados a considerar como *natural*, porque se apresenta com a aparência de ter sido sempre assim, é uma invenção recente (como mostram, particularmente, os trabalhos de Ariès e de Anderson sobre a gênese do privado, ou de Shorter sobre a invenção do sentimento familiar) e, quem sabe, votada à desaparição mais ou menos rápida (como levam a crer o aumento da taxa de coabitação fora do casamento e as novas formas de laços familiares inventados a cada dia).

Mas se admitimos que a família é apenas uma palavra, uma simples construção verbal, trata-se de analisar as representações que as pessoas têm do que designam por família, esse tipo de "família de palavras", ou melhor, de papel (no singular ou no plural). Alguns etnometodólogos, que veem no discurso sobre a família uma espécie de ideologia política, designando uma configuração valorizada das relações sociais, recuperam uma série de pressupostos compartilhados por esse discurso, seja no do senso comum, seja no dos especialistas.

Primeiro conjunto de propriedades: através de uma espécie de antropomorfismo, que consiste em atribuir a um grupo as propriedades de um indivíduo, concebe-se a família como uma realidade que transcende seus membros, uma personagem transpessoal dotada de uma vida e de um espírito coletivos e de uma visão específica do mundo. Segundo conjunto de propriedades: as definições da família teriam em comum o suposto de que ela existe como um universo social separado, empenhado em um trabalho de perpetuação das fronteiras e orientado pela idealização do interior como sagrado, *sanctum* (por oposição ao exterior). Esse

---

21. Cito aqui apenas uma obra, exemplar pela intrepidez com que utiliza a dúvida etnometodológica: J.F. Gubrium e James A. Holstein. *What is family?* Mountain View, Califórnia, Mayfield Publishing Co., 1990.

universo sagrado, secreto, de portas fechadas sobre sua intimidade, separado do exterior pela barreira simbólica da soleira, perpetua-se e perpetua sua própria separação, sua *privacy*, como obstáculo ao conhecimento, segredo de relações privadas, salvaguarda dos bastidores (*backstage*), do domínio privado. Ao tema da *privacy*, poderíamos acrescentar um terceiro, o da *residência*, da casa como lugar estável, que permanece, e do grupo doméstico como unidade permanente, associada de maneira duradoura à casa, indefinidamente transmissível.

Assim, no *family discourse*, discurso que a família faz sobre a família, a unidade doméstica é concebida como um agente ativo, dotado de vontade, capaz de pensamento, de sentimento e de ação e apoiado em um conjunto de pressupostos cognitivos e de prescrições normativas que dizem respeito à maneira correta de viver as relações domésticas: universo no qual estão suspensas as leis corriqueiras do mundo econômico, a família é o lugar da confiança (*trusting*) e da doação (*giving*) — por oposição ao mercado e à dádiva retribuída — ou, para falar como Aristóteles, da *philia*, palavra que traduzimos frequentemente por amizade e que designa de fato a recusa do espírito calculista; o lugar onde se suspende o interesse no sentido estrito do termo, isto é, a procura de equivalência nas trocas. O discurso comum frequentemente (e, sem dúvida, universalmente, inspira-se na família de modelos ideais das relações humanas (em conceitos como os de fraternidade, por exemplo), e as relações familiares em sua definição oficial tendem a funcionar como princípios de construção e de avaliação de toda relação social.

Uma ficção bem-fundamentada

Dito isso, se é verdade que a família é apenas uma palavra, também é verdade que se trata de uma *palavra de ordem*, ou melhor, de uma *categoria*, princípio coletivo de construção da realidade coletiva. Pode-se dizer, sem contradição, que as realidades sociais são ficções sociais sem outro fundamento que a construção social e que, ao mesmo tempo, existem realmente, coletivamente reconhecidas. Em todos os usos de conceitos classificatórios, como o de família, fazemos ao mesmo tempo uma descrição e uma prescrição que não aparece como tal porque é (quase) universalmente aceita, e admitida como dada: admitimos tacitamente que a realidade à qual atribuímos o nome família, e que colocamos na categoria de *famílias de verdade*, é uma família *real*.

Assim, se podemos admitir, acompanhando a etnometodologia, que a família é um princípio de construção da realidade social, também é preciso lembrar, contra a etnometodologia, que esse princípio de construção é ele próprio socialmente construído e que é comum a todos os agentes socializados de uma certa maneira. Dito de outro modo, é um princípio comum de visão e de divisão, um *nomos*, que todos temos no espírito, porque ele nos foi inculcado por meio de um trabalho de socialização concretizado em um universo que era ele próprio realmente organizado de acordo com a divisão em famílias. Esse princípio de construção é um dos elementos constitutivos de nosso *habitus*, uma estrutura mental que, tendo sido inculcada em todas as mentes socializadas de uma certa maneira, é ao mesmo tempo individual e coletiva; uma lei tácita (*nomos*) da percepção e da prática que fundamenta o consenso sobre o sentido do mundo social (e da palavra família em particular), fundamenta o *senso comum*. Isto é, as prenoções do senso comum e as *folk categories* da sociologia espontânea, aquelas que a boa metodologia manda que se questione primeiro, podem, como aqui, estar bem-fundamentadas, porque contribuem para *criar* a realidade que evocam. Quando se trata do mundo social, as palavras criam as coisas, já que criam o consenso sobre a existência e o sentido das coisas, o senso comum, a *doxa* aceita por todos como dada. (Para medir a força dessa evidência compartilhada, seria preciso relatar aqui o testemunho daquelas mulheres que entrevistamos recentemente, no decorrer de uma pesquisa sobre a miséria social e que, por não se comportarem de acordo com a norma tácita que impõe, de maneira cada vez mais imperativa à medida que envelhecemos, casar e ter filhos, falam todas das pressões sociais exercidas sobre elas, para chamá-las à ordem, a se "comportar", a encontrar um cônjuge e a ter filhos — por exemplo, as fofocas e os problemas associados ao estatuto da mulher sozinha, em festas ou jantares, ou a dificuldade de ser inteiramente levada a sério, porquanto ser social incompleto, inacabado, como que mutilado.)

A família é um princípio de construção ao mesmo tempo imanente aos indivíduos (enquanto coletivo incorporado) e transcendente em relação a eles, já que o reencontram sob forma objetivada em todos os outros: é um transcendental no sentido de Kant, mas, sendo imanente a todos os *habitus*, impõe-se como transcendente. Tal é o fundamento da ontologia específica de grupos sociais (famílias, etnias ou nações): inscritos, ao mesmo tempo, na objetividade das estruturas sociais e na subjetividade das estruturas mentais objetivamente orquestradas, eles se apresentam à experiência com a opacidade e a resistência das coisas, ainda que sejam o produto de atos de construção que, como sugere certa crítica etnometodológica, aparentemente os remete à não existência das criaturas puras do pensamento.

Assim, a família como categoria social objetiva (estrutura estruturante) é o fundamento da família como categoria social subjetiva (estrutura estruturada), categoria mental que é a base de milhares de representações e de ações (casamentos, por exemplo) que contribuem para reproduzir a categoria social objetiva. Esse é o círculo de reprodução da ordem social. O acordo quase perfeito que se estabelece então entre as categorias subjetivas e as categorias objetivas funda uma experiência do mundo como evidente, *taken for granted*. Nada parece mais natural do que a família: essa construção social arbitrária parece situar-se no polo do natural e do universal.

O trabalho de instituição

Se a família aparece como a mais natural das categorias sociais, e se está destinada, por isso, a fornecer o modelo de todos os *corpos sociais*, é porque a categoria do familiar funciona, nos *habitus*, como esquema classificatório e princípio de construção do mundo social e da família como corpo social específico, adquirido no próprio seio de uma família como ficção social realizada. De fato, a família é produto de um verdadeiro *trabalho de instituição*, ritual e técnico ao mesmo tempo, que visa instituir de maneira duradoura, em cada um dos membros da unidade instituída, sentimentos adequados a assegurar a *integração* que é a condição de existência e de persistência dessa unidade. Os ritos de instituição (palavra que vem de *stare*, manter-se, ser estável) visam constituir a família como uma entidade unida, integrada, unitária, logo, estável, constante, indiferente às flutuações dos sentimentos individuais. Esses atos inaugurais de criação (imposição do nome de família, casamento etc.) encontram seu prolongamento lógico nos inumeráveis atos de reafirmação e de reforço que visam produzir, por uma espécie de criação continuada, as *afeições obrigatórias* e as *obrigações afetivas do sentimento familiar* (amor conjugal, amor paterno e materno, amor filial, amor fraterno etc.). Esse trabalho constante de manutenção de sentimentos duplica o efeito performativo da simples *nominação* como construção do objeto afetivo e socialização da libido (a afirmação "é tua irmã", por exemplo, encerra a imposição do amor fraterno como libido social dessexualizada — tabu do incesto).

Para compreender como a família passa de uma ficção nominal a grupo real, cujos membros estão unidos por intensos laços afetivos, é preciso levar em conta todo o trabalho simbólico e prático que tende a transformar a obrigação de amar em disposição amorosa e a dotar cada um dos membros da família de um "espírito de família" gerador de devotamentos, de generosidades, de solidariedades (ele se expressa tanto nas inúmeras trocas comuns e continuadas da vida cotidiana, trocas de dádivas, de serviços, de ajuda, de visitas, de atenções, de gentilezas etc., quanto nas trocas extraordinárias e solenes das festas familiares — frequentemente sancionadas e eternizadas por fotografias que consagram a integração da família reunida). Esse trabalho cabe a todos, particularmente às mulheres, encarregadas de manter as relações (com sua própria família, mas também, com frequência, com a de seu cônjuge), por meio de visitas, mas também de correspondência (especialmente, por meio das trocas rituais de cartões de festas) e de comunicações telefônicas. As estruturas de parentesco e a família como *corpo* só podem se perpetuar ao preço de uma criação continuada do sentimento familiar, princípio cognitivo de visão e de divisão que é, ao mesmo tempo, princípio afetivo de *coesão*, isto é, adesão vital à existência de um grupo familiar e de seus interesses.

Esse trabalho de integração é tanto mais indispensável porque a família, que para existir e subsistir deve se afirmar como *corpo*, sempre tende a funcionar como um *campo*, com suas relações de força física, econômica e sobretudo simbólica (vinculadas, por exemplo, ao volume e à estrutura dos capitais que seus diferentes membros possuem) e suas lutas pela conservação ou transformação dessas relações de força.

O lugar da reprodução social

Mas a naturalização do arbitrário social tem como efeito fazer com que se esqueça que, para que essa realidade que chamamos de família seja possível, é preciso que se encontrem reunidas condições sociais que nada têm de universal e que, em todo caso, não são distribuídas de maneira uniforme. Em resumo, a família em sua definição legítima é um privilégio instituído como norma universal. Privilégio de fato que implica um privilégio simbólico: o de ser como se deve, dentro da norma, portanto, de obter um lucro simbólico da normalidade. Aqueles que têm o privilégio de ter uma família adequada podem exigi-la de todos, sem ter de se perguntar pelas condições (por exemplo, uma certa renda, um apartamento etc.) de universalização do acesso ao que exigem universalmente.

Esse privilégio é, no concreto, uma das principais condições de acumulação e de transmissão de privilégios, econômicos, culturais, simbólicos. De fato, a família tem um papel determinante na manutenção da ordem social, na reprodução, não apenas biológica, mas social, isto é, na reprodução da estrutura do espaço social e das relações sociais. Ela é um dos lugares por excelência de acumulação de capital sob seus diferentes tipos e de sua transmissão entre as gerações: ela resguarda sua unidade pela transmissão e para a transmissão, para poder transmitir e porque ela pode transmitir. Ela é o "sujeito" principal das estratégias de reprodução. Isso se torna bem claro, por exemplo, na transmissão do *nome de família*, elemento primordial do capital simbólico hereditário: o pai é apenas o sujeito aparente da nominação de seu filho, já que ele o nomeia de acordo com um princípio que não domina e que, ao transmitir seu próprio nome (o *nome do pai*), ele transmite uma *auctoritas* da qual não é o *auctor* e em conformidade com uma regra que não criou. O mesmo é válido, *mutatis mutandis*, a respeito do patrimônio material. Um número considerável de atos econômicos tem por "sujeito" não o *homo oeconomicus* individual, no estado isolado, mas coletivo, um dos mais importantes sendo a família, quer se trate da escolha de uma escola ou da compra de uma casa. Tratando-se da casa, as decisões de compra de imóveis, por exemplo, mobilizam com frequência uma boa parte da linhagem (por exemplo, os pais de um ou outro dos cônjuges, que emprestaram o dinheiro e que, em contrapartida, dão conselhos e pesam na decisão econômica). É verdade que, nesse caso, a família age como uma espécie de "sujeito coletivo", de acordo com a definição comum, e não como um simples agregado de indivíduos. Mas esse não é o único caso no qual ela é o lugar de uma espécie de vontade transcendente que se manifesta em decisões coletivas e no qual seus membros se sentem levados a agir como partes de um corpo unido.

Dito isso, nem todas as famílias e, no interior da mesma família, nem todos os seus membros, têm a mesma capacidade e a mesma propensão a conformar-se à definição dominante. Como vemos de maneira particularmente clara em sociedades onde a "casa" é importante, naquelas onde a preocupação de perpetuar a casa como conjunto de bens materiais orienta toda a existência da unidade doméstica, a tendência da família a se perpetuar no indivíduo, a perpetuar sua existência assegurando sua integração, é inseparável da tendência de perpetuar a integridade de seu patrimônio, sempre ameaçado pela dilapidação ou pela dispersão.[22] As forças de fusão, especialmente as disposições éticas que levam à identificação dos interesses particulares dos indivíduos com os interesses coletivos da família, devem contar com as forças de fissão, isto é, com os interesses dos diferentes membros do grupo, mais ou menos inclinados a aceitar a visão comum e mais ou menos capazes de impor seu ponto de vista "egoísta". Não podemos dar conta das práticas das quais a família é o "sujeito", como, por exemplo, as "escolhas" em questões de fecundidade, de educação, de casamento, de consumo (especialmente imobiliário) etc., a não ser levando em conta a estrutura das relações de força entre os membros do grupo familiar funcionando como campo (e, portanto, a história da qual esse estado é o resultado), estrutura que estará sempre em jogo nas lutas no interior do campo doméstico. Mas o funcionamento da unidade doméstica como campo encontra seu limite nos efeitos da dominação masculina que orientam a família em direção à lógica do *corpo* (a integração podendo ser um efeito da dominação).

Uma das particularidades dos dominantes é a de possuírem famílias extensas (os grandes têm famílias grandes) e fortemente integradas, já que unidas não apenas pela afinidade dos *habitus*,

---

22. Sobre a "casa", cf. P. Bourdieu. "Célibat et condition paysanne", *Études Rurales* 5-6 (abril-setembro de 1962), pp. 32-136; "Les stratégies matrimoniales dans le système des stratégies de reproduction", *Annales* 4-5 (julho-outubro de 1972), pp. 1105-1127; e também, entre outros, C. Klapisch-Zuber. *La maison et le nom*. Paris, EHESS, 1990.

mas também pela solidariedade dos interesses, isto é, tanto pelo capital quanto para o capital, o capital econômico, evidentemente, mas também o capital simbólico (o nome) e sobretudo, talvez, o capital social (que sabemos ser a condição e o efeito de uma gestão bem-sucedida do capital coletivo dos membros da unidade doméstica). Nas corporações, por exemplo, a família tem um papel considerável, não apenas na transmissão, mas também na gestão do patrimônio econômico, especialmente através das ligações de negócios que são também, com frequência, ligações familiares. As dinastias burguesas funcionam como clubes seletos; elas são lugares de acumulação e de gestão de um capital que é igual à soma dos capitais de cada um de seus membros e que as relações entre os diferentes detentores permite mobilizar, ainda que parcialmente, em favor de cada um deles.

O Estado e o estado civil

Assim, depois de ter começado por uma espécie de dúvida radical, somos levados a manter algumas propriedades que as definições comuns utilizam; mas apenas após tê-las submetido a um duplo questionamento que só em aparência retorna ao ponto de partida. Sem dúvida, é preciso deixar de apreender a família como um dado imediato da realidade social, para ver nela um instrumento de construção dessa realidade; mas é preciso, ainda, superar o questionamento feito pelos etnometodólogos e perguntar quem construiu os instrumentos de construção que eles expõem e pensar as categorias familiares como instituições existentes tanto na objetividade do mundo, sob a forma desses corpos sociais elementares que chamamos de famílias, quanto nos espíritos, sob a forma de princípios de classificação utilizados seja pelos agentes comuns, seja pelos operadores patenteados de classificações oficiais, como os estatísticos do Estado (INED, INSEE).

De fato, é claro que nas sociedades modernas o principal responsável pela *construção de categorias oficiais*, de acordo com as quais são estruturadas tanto as populações quanto os espíritos, é o Estado, através de todo um trabalho de codificação que combina efeitos econômicos e sociais bem concretos (como as alocações familiares), visando privilegiar uma certa forma de organização familiar, reforçar aqueles que podem se conformar a essa forma de organização e encorajar, por todos os meios, materiais e simbólicos, o "conformismo lógico" e o "conformismo moral", como adesão a um sistema de formas de apreensão e de construção do mundo, do qual essa forma de organização, essa categoria, é sem dúvida o ponto central.

Se a dúvida radical permanece indispensável, é porque a simples constatação positivista (a família existe, nós a encontramos sob nosso escalpelo estatístico) se arrisca a contribuir, pelo efeito de *ratificação*, de *registro*, para o trabalho de construção da realidade social inscrito na palavra família e no discurso familista que, sob a aparência de descrever uma realidade social — a família —, prescreve um modo de existência: a vida em família. Ao utilizarem, sem examiná-lo, um pensamento de Estado, isto é, as categorias de pensamento do senso comum, inculcadas pela ação do Estado, os estatísticos do Estado contribuem para reproduzir o pensamento estatizado que faz parte das condições de funcionamento da família, essa realidade dita privada de origem pública. O mesmo fazem esses magistrados ou esses assistentes sociais que, quando querem prognosticar os efeitos prováveis de uma sanção ou de um aumento de pena, ou até avaliar a importância da pena atribuída a um jovem delinquente, levam em conta, espontaneamente, certo número de indicadores de conformidade à ideia oficial de família.[23] Como em um círculo, a categoria nativa,

---

23. Esses indicadores lhes são frequentemente fornecidos pelos sociólogos, como os critérios que os assistentes sociais utilizam para fazer uma avaliação rápida da unidade da família e apoiar assim um prognóstico a respeito das oportunidades de sucesso de tal ou qual ação (avaliação que é uma das mediações através das quais o destino social se cumpre).

transformada em categoria do saber entre os demógrafos ou os sociólogos e, sobretudo, entre os agentes sociais que, como os estatísticos do Estado, são investidos da possibilidade de atuar sobre a realidade, de fazer a realidade, contribui para dar existência real a essa categoria. O *family discourse* do qual falam os etnometodólogos é um *discurso de instituição* potente e ativo que tem os meios de criar as condições de sua própria verificação.

O Estado, especialmente através de todas as operações do *estado civil*, inscritas no registro de família, realiza milhares de atos de constituição que constituem a identidade familiar como um dos princípios de percepção mais poderosos do mundo social e uma das unidades sociais mais reais. De fato, bem mais radical do que a crítica etnometodológica, uma história social do processo de institucionalização estatal da família mostraria que a oposição tradicional entre o público e o privado mascara a que ponto o público está presente no privado, no próprio sentido de *privacy*. Sendo produto de um longo trabalho de construção jurídico-política, do qual a família moderna é o resultado, o privado é um negócio público. A visão pública (o *nomos*, dessa vez com o sentido de *lei*) está profundamente envolvida em nossa visão das coisas domésticas e as nossas condutas mais privadas dependem, elas mesmas, de ações públicas, como a política de habitação, ou, mais diretamente, a política da família.[24]

Assim, a família é certamente uma ficção, um artefato social, uma ilusão no sentido mais comum do termo, mas uma "ilusão bem-fundamentada" já que, produzida e reproduzida com a garantia do Estado, ela sempre recebe do Estado os meios de existir e de subsistir.

---

24. Assim, por exemplo, as grandes comissões que decidiram a "política da família" (alocações familiares etc.) ou, em outras épocas, a forma que devia tomar a ajuda do Estado em matéria de habitação, contribuíram muito para definir a família e a representação da vida familiar que as pesquisas demográficas e sociológicas registram como uma espécie de dado natural.

5
É POSSÍVEL UM ATO DESINTERESSADO?

Por que a palavra interesse é de certo modo interessante?[1] Por que é importante questionar o interesse que os agentes podem ter em fazer o que fazem? De fato, a noção de interesse primeiro se colocou para mim como um *instrumento de ruptura* com uma visão encantada, e mistificadora, das condutas humanas. O furor ou o horror que o resultado do meu trabalho às vezes suscita talvez se explique em parte pelo fato de que esse olhar desencantado, sem ser de escárnio ou de cinismo, também se dirige aos universos que são, por excelência, lugar de desinteresse (pelo menos na representação daqueles que dele participam), como é o mundo intelectual. Lembrar que os jogos intelectuais também têm alvos, que esses alvos suscitam interesses — coisas que de certo modo todos sabem — é tentar estender a todas as condutas humanas, aí compreendidas as que se apresentam ou são vividas como desinteressadas, o modo de explicação e de compreensão de aplicação

---

1. Este texto é a transcrição de dois cursos do Collège de France oferecidos na faculdade de antropologia e de sociologia da Universidade Lumière-Lyon II, em dezembro de 1988.

universal que define a visão científica, e arrancar o mundo intelectual do estatuto de exceção ou de extraterritorialidade que os intelectuais têm a tendência de lhe atribuir.

A título de segunda justificativa, poderia invocar o que me parece ser um postulado da teoria do conhecimento sociológico. Não se pode fazer sociologia sem aceitar o que os filósofos clássicos chamam de "princípio da razão suficiente" e sem supor, entre outras coisas, que os agentes sociais não agem de maneira disparatada, que eles não são loucos, que eles não fazem coisas sem sentido. O que não significa supor que eles sejam racionais, que têm razão em agir como agem ou mesmo, de maneira mais simples, que eles tenham razão em agir, que suas ações sejam dirigidas, guiadas ou orientadas por essas razões. Eles podem ter condutas razoáveis sem serem racionais; podem ter condutas às quais podemos dar razão, como dizem os clássicos, a partir da hipótese de racionalidade, sem que essas condutas tenham tido a razão como princípio. Eles podem se conduzir de tal maneira que, em uma avaliação racional das probabilidades de sucesso, pareça que eles tinham razão em fazer o que fizeram, sem que tenhamos razão ao dizer que o cálculo racional das probabilidades tenha sido o princípio das escolhas que fizeram.

Assim, a sociologia postula que há uma razão para os agentes fazerem o que fazem (no sentido em que falamos de razão de uma série), razão que se deve descobrir para transformar uma série de condutas aparentemente incoerentes, arbitrárias, em uma série coerente, em algo que se possa compreender a partir de um princípio único ou de um conjunto coerente de princípios. Nesse sentido, a sociologia postula que os agentes sociais não realizam atos gratuitos.

A palavra gratuito remete, em parte, à ideia de não motivado, de arbitrário: um ato gratuito é um ato do qual não podemos fazer sentido (o de Lafcadio, de Gide), um ato louco, absurdo, pouco importa, diante do qual a ciência social nada tem a dizer, diante do qual só pode se omitir. Esse primeiro sentido esconde outro, mais comum: o que é gratuito é o que é por nada, que não é pago, que não custa nada, que não é lucrativo. Encaixando esses dois sentidos, identifica-se a busca da razão de ser de uma conduta à explicação desta conduta pela busca de fins econômicos.

O investimento

Tendo defendido meu uso da noção de interesse, tentarei agora mostrar como podemos substituí-la por noções mais rigorosas, como a de *illusio*, investimento ou até *libido*. Em seu famoso livro *Homo ludens*, Huizinga observa que, a partir de uma etimologia falsa, *illusio*, palavra latina que vem da raiz *ludus* (jogo), poderia significar estar no jogo, estar envolvido no jogo, levar o jogo a sério. A *illusio* é estar preso ao jogo, preso pelo jogo, acreditar que o jogo vale a pena ou, para dizê-lo de maneira mais simples, que vale a pena jogar. De fato, em um primeiro sentido, a palavra interesse teria precisamente o significado que atribuí à noção de *illusio*, isto é, dar importância a um jogo social, perceber que o que se passa aí é importante para os envolvidos, para os que estão nele. *Interesse* é "estar em", participar, admitir, portanto, que o jogo merece ser jogado e que os alvos engendrados no e pelo fato de jogar merecem ser perseguidos; é reconhecer o jogo e reconhecer os alvos. Quando você lê, em Saint-Simon, o episódio da querela dos barretes (quem deve cumprimentar primeiro?), se você não nasceu em uma sociedade de corte, se não tem o *habitus* de um cortesão, se não tem na cabeça as estruturas que estão presentes no jogo, essa querela lhe parecerá fútil, ridícula. Se, ao contrário, você tiver um espírito estruturado de acordo com as estruturas do mundo no qual você está jogando, tudo lhe parecerá evidente e a própria questão de saber se o jogo vale a pena não é nem colocada. Dito de outro modo, os jogos sociais são jogos que se fazem esquecer como jogos e a *illusio* é essa relação encantada com um jogo que é o produto de uma relação de cumplicidade

139

ontológica entre as estruturas mentais e as estruturas objetivas do espaço social. Isso é o que quero dizer ao falar de interesse: vocês acham importantes, interessantes, os jogos que têm importância para vocês porque eles foram impostos e postos em suas mentes, em seus corpos, sob a forma daquilo que chamamos de o sentido do jogo.

A noção de interesse opõe-se à de desinteresse, mas também à de indiferença. Podemos estar interessados em um jogo (no sentido de não lhe ser indiferentes), sem ter interesse nele. O indiferente "não vê o que está em jogo", para ele dá na mesma; ele está na posição do asno de Buridan, ele não percebe a diferença. É alguém que, não tendo os princípios de visão e de divisão necessários para *estabelecer as diferenças*, acha tudo igual, dá tudo na mesma. O que os estoicos chamavam de ataraxia é indiferença ou serenidade da alma, desprendimento, não desinteresse. Assim, a *illusio* é o oposto da ataraxia, é estar envolvido, é investir nos alvos que existem em certo jogo, por efeito da concorrência, e que apenas existem para as pessoas que, presas ao jogo, e tendo as disposições para reconhecer os alvos que aí estão em jogo, estão prontas a morrer pelos alvos que, inversamente, parecem desprovidos de interesse do ponto de vista daquele que não está preso a este jogo, e que o deixa indiferente. Podemos assim recorrer à palavra *investimento*, em seu duplo sentido, psicanalítico e econômico.

Todo campo social, seja o campo científico, seja o campo artístico, o campo burocrático ou o campo político, tende a obter daqueles que nele entram essa relação com o campo que chamo de *illusio*. Eles podem querer inverter as relações de força no campo, mas, por isso mesmo, reconhecem os alvos, não são indiferentes. Querer fazer a revolução em um campo é concordar com o essencial do que é tacitamente exigido por esse campo, a saber, que ele é importante, que o que está em jogo aí é tão importante a ponto de se desejar aí fazer a revolução.

140

Entre pessoas que ocupam posições opostas em um campo, e que parecem radicalmente opostas em tudo, observa-se que há um acordo oculto e tácito a respeito do fato de que vale a pena lutar a respeito das coisas que estão em jogo no campo. O apolitismo primário, que não cessa de crescer, já que o campo político tende cada vez mais a fechar-se sobre si mesmo e a funcionar sem se referir à clientela (isto é, um pouco como um campo artístico), apoia-se sobre uma espécie de consciência confusa dessa cumplicidade profunda entre os adversários inseridos no mesmo campo: eles se enfrentam, mas estão de acordo pelo menos a respeito do objeto do desacordo.

Libido seria também inteiramente pertinente para expressar o que chamei de *illusio* ou investimento. Cada campo impõe um preço de entrada tácito: "Que não entre aqui quem não for geômetra", isto é, que ninguém entre aqui se não estiver pronto a morrer por um teorema. Se tivesse de resumir por meio de uma imagem tudo o que acabo de dizer sobre a noção de campo e sobre a *illusio*, que é tanto condição quanto produto do funcionamento do campo, evocaria uma escultura que se encontra na catedral de Auch, em Gers, sob os assentos do capítulo, e que representa dois monges lutando pelo bastão de prior. Em um mundo como o universo religioso, e sobretudo o universo monástico, que é o lugar por excelência do *Ausserweltlich*, do supramundano, do desinteresse no sentido ingênuo do termo, encontramos pessoas que lutam por um bastão que só tem valor para quem está no jogo, preso ao jogo.

Uma das tarefas da sociologia é a de determinar como o mundo social constitui a *libido* biológica, pulsão indiferenciada, em *libido* social, específica. De fato, existem tantos tipos de *libido* quanto de campos: o trabalho de socialização da *libido* é, precisamente, o que transforma as pulsões em interesses específicos, interesses socialmente constituídos que apenas existem na relação com um espaço social no interior do qual certas coisas são importantes e outras são indiferentes, para os agentes socializados, constituídos de maneira a criar diferenças correspondentes às diferenças objetivas nesse espaço.

Contra o utilitarismo

O que é vivido como evidência na *illusio* parece ilusório para quem não participa dessa evidência, já que não participa do jogo. Os saberes procuram deslindar essa espécie de influência que os jogos sociais mantêm sobre os agentes socializados. O que não é fácil: não nos desvencilhamos por uma simples decisão de consciência. Os agentes bem-ajustados ao jogo são possuídos por ele e tanto mais, sem dúvida, quanto melhor o compreendem. Por exemplo, um dos privilégios associados ao fato de se nascer em um jogo é que podemos economizar cinismo, já que temos o sentido do jogo; como um bom jogador de tênis, estamos localizados, não onde a bola está, mas onde ela vai cair; estamos localizados, e no lugar, não onde está o lucro, mas onde ele vai ser encontrado. As reconversões através das quais somos levados a novos gêneros, a novas disciplinas, a novos objetos etc. são vividas como *conversões*.

Como se faz para reduzir essa descrição da relação prática entre os agentes e os campos à visão utilitarista (e a *illusio* ao interesse utilitário)? Em primeiro lugar, os agentes são tratados como se fossem movidos por ações conscientes, como se se colocassem conscientemente os objetivos de sua ação e agissem de maneira a obter o máximo de eficácia com o menor custo. Segunda hipótese antropológica: tudo o que pode motivar os agentes é reduzido ao interesse econômico, a um lucro em dinheiro. Em uma palavra, acredita-se que o princípio da ação é a compreensão clara do interesse econômico e seu objetivo o lucro material, conscientemente buscado por meio de um cálculo racional. Tentarei mostrar como todo meu trabalho tem consistido em refutar essas duas reduções.

À redução ao cálculo consciente, oponho a relação de cumplicidade ontológica entre o *habitus* e o campo. Entre os agentes e o mundo social há uma relação de cumplicidade infraconsciente, infralinguística: os agentes utilizam constantemente em sua prática teses que não são colocadas como tais. Uma conduta humana tem sempre como objetivo, como finalidade, o resultado que é o fim, no sentido de termo, dessa conduta? Acho que não. Então, que relação bizarra é essa, com o mundo social ou natural, na qual os agentes visam certos fins sem colocá-los como tais? Os agentes sociais que têm o sentido do jogo, que incorporaram uma cadeia de esquemas práticos de percepção e de apreciação que funcionam, seja como instrumentos de construção da realidade, seja como princípios de visão e de divisão do universo no qual eles se movem, não têm necessidade de colocar como fins os objetivos de sua prática. Eles não são como *sujeitos* diante de um objeto (ou, menos ainda, diante de um problema) que será constituído como tal por um ato intelectual de conhecimento; eles estão, como se diz, envolvidos em *seus afazeres* (que bem poderíamos escrever como seus *a fazeres*): eles estão presentes no *por vir*, no a fazer, no afazer (*pragma*, em grego), correlato imediato da prática (*praxis*) que não é posto como objeto do pensar, como possível visado em um projeto, mas inscrito no presente do jogo.

As análises comuns da experiência temporal confundem duas relações, com o futuro e com o passado, que, em *Ideen*, Husserl distingue claramente: à relação com o futuro, que podemos chamar de *projeto*, e que coloca o futuro como futuro, isto é, como possível constituído como tal, e, portanto, podendo acontecer ou não, opõe-se a relação com o futuro, que ele chama de *protensão* ou antecipação pré-perceptiva, relação com um futuro que não é um futuro, com um futuro que é quase um presente. Ainda que eu não veja os lados ocultos do cubo, eles estão quase presentes, eles são "apresentados" através da crença que temos em uma coisa percebida. Eles não são visados em um projeto, como igualmente possíveis ou impossíveis, eles estão lá, na modalidade dóxica do que é diretamente percebido.

De fato, essas antecipações pré-perceptivas, espécie de induções práticas fundadas na experiência anterior, não são dadas a um sujeito puro, a uma consciência transcendental universal. Elas são criadas pelo *habitus* do sentido do jogo. Ter o sentido do jogo é ter o jogo na pele; é perceber no estado prático o futuro do jogo; é ter o senso histórico do jogo. Enquanto o mau jogador está sempre fora do tempo, sempre muito adiantado ou muito atrasado, o bom jogador é aquele que *antecipa*, que está adiante do jogo. Como pode ele antecipar o decorrer do jogo? Ele tem as tendências imanentes do jogo no corpo, incorporadas: ele se incorpora ao jogo.

O *habitus* preenche uma função que, em uma outra filosofia, confiamos à consciência transcendental: é um corpo socializado, um corpo estruturado, um corpo que incorporou as estruturas imanentes de um mundo ou de um setor particular desse mundo, de um campo, e que estrutura tanto a percepção desse mundo como a ação nesse mundo. A oposição entre a teoria e a prática, por exemplo, encontra-se tanto na estrutura objetiva das disciplinas (a matemática opõe-se à geologia como a filosofia opõe-se à geografia etc.) quanto no espírito dos professores que, em seus julgamentos sobre os alunos, operam com esquemas práticos, frequentemente associados a pares de adjetivos, que são os equivalentes incorporados dessas estruturas objetivas. E quando as estruturas incorporadas e as estruturas objetivas estão de acordo, quando a percepção é construída de acordo com as estruturas do que é percebido, tudo parece evidente, tudo parece dado. É a experiência dóxica pela qual atribuímos ao mundo uma crença mais profunda do que todas as crenças (no sentido comum) já que ela não se pensa como uma crença.

Contra a tradição intelectualista do *cogito*, do conhecimento como relação entre um sujeito e um objeto etc., para dar conta das condutas humanas é preciso admitir que elas se apoiam com frequência sobre teses não téticas, que elas colocam futuros que não são visados como futuros. O paradoxo das ciências humanas é que elas devem constantemente desconfiar da filosofia da ação inerente a modelos como os da teoria dos jogos, que aparentemente se impõem para a compreensão de universos sociais semelhantes ao do jogo. É certo que a maior parte das condutas humanas acontece dentro de espaços de jogo; dito isso, elas não têm como princípio uma intenção estratégica tal como a postulada pela teoria dos jogos. Dito de outro modo, os agentes sociais têm "estratégias" que só muito raramente estão assentadas em uma verdadeira intenção estratégica.

Outra maneira de expressar a oposição feita por Husserl entre a protensão e o projeto, a oposição entre a *preocupação* (que poderia ser a tradução da *Fürsorge* de Heidegger, livrando-a de suas conotações indesejáveis) e o *plano* como desígnio do futuro, no qual o sujeito se pensa como alguém que postula um futuro e organiza todos os meios disponíveis com referência a esse futuro postulado como tal, como fim que deve explicitamente ser atingido. A preocupação ou antecipação do jogador é imediata, em relação a algo que não é imediatamente percebido e imediatamente disponível, mas que, entretanto, é como se já estivesse ali. Aquele que joga uma bola para o outro campo age no presente em relação a algo que está *por vir* (prefiro por vir a futuro), que é quase presente, que está inscrito na própria face do presente, do adversário *em vias* de correr para a direita. Ele não se coloca esse futuro em um projeto (posso correr ou não para a direita): ele joga a bola pela esquerda porque seu adversário vai para a direita, porque de algum modo ele já está à direita. Ele se decide em função de um quase presente inscrito no presente.

A prática tem uma lógica que não é a da lógica e, consequentemente, aplicar às lógicas práticas a lógica lógica é arriscar destruir, através dos instrumentos que utilizamos para descrevê-la, a lógica que queremos descrever. Esses problemas, que já discuti há cerca de vinte anos, em *Esquisse d'une théorie de la pratique*, são hoje evidenciados através da construção de sistemas de inteligência artificial: percebemos que os agentes sociais (seja um médico fazendo um diagnóstico, ou um professor atribuindo nota em um exame) têm, no estado prático, sistemas classificatórios extremamente complexos, jamais constituídos como tais, e que não podem sê-lo senão a custo de um trabalho enorme.

Substituir uma relação prática de pré-ocupação, presença imediata de um por vir inscrito no presente, por uma consciência racional, calculista, que se coloca objetivos como tais, como possíveis, é abrir espaço para a questão do cinismo, que coloca como tais objetivos inconfessáveis. Ao passo que, se minha análise está correta, podemos, por exemplo, ajustar-nos às necessidades de um jogo, podemos fazer uma belíssima carreira acadêmica, sem nunca ter a necessidade de postular tal objetivo. Inspirados por um desejo de desmistificação, os pesquisadores frequentemente tendem a agir como se os agentes sempre tivessem tido como finalidade, no sentido de objetivo, o fim, no sentido de termo, de sua trajetória. Transformando o trajeto em projeto, agem como se o intelectual consagrado, cuja carreira eles pesquisam, tivesse tido em mente, desde o momento em que escolheu uma disciplina, um orientador de tese, um objeto de pesquisa, a ambição de tornar-se professor no Collège de France. Eles atribuem a conduta dos agentes em um campo (os dois monges que lutam pelo bastão do prior, ou os dois intelectuais que lutam para impor sua teoria da ação) à uma consciência calculista mais ou menos cínica.

Se o que digo é correto, vale também o reverso. Os agentes que lutam por objetivos definidos podem estar possuídos por esses objetivos. Podem estar prontos a morrer por esses objetivos, independentemente de qualquer consideração em relação aos lucros específicos, lucrativos, da carreira ou outros. Sua relação com o objetivo que lhes interessa não é de modo nenhum o cálculo consciente de utilidade que lhe oferece o utilitarismo, filosofia que preferimos atribuir às ações dos outros. Eles têm o sentido do jogo; nos jogos nos quais, por exemplo, é preciso mostrar "desinteresse" para ter êxito, eles podem realizar, de maneira espontaneamente desinteressada, ações que estejam de acordo com seus interesses. Existem situações inteiramente paradoxais que uma filosofia da consciência impede de compreender.

Trato agora da segunda redução, a que consiste em remeter tudo ao interesse lucrativo, a reduzir os objetivos da ação a finalidades econômicas. Em relação a esse ponto, a refutação é relativamente simples. De fato, o princípio do erro consiste no que chamamos tradicionalmente de economicismo, isto é, o fato de considerar que as leis de funcionamento de um campo social entre outros, o campo econômico, valem para todos os campos. Na fundamentação da teoria dos campos, temos a constatação (já encontrada em Spencer, em Durkheim, em Weber...) de que o mundo social é lugar de um processo de diferenciação progressiva. Observamos assim, Durkheim o relembrava constantemente, que na sua origem, em muitas sociedades antigas e ainda em muitas sociedades pré-capitalistas, os universos sociais que entre nós são diferenciados (como a religião, a arte, a ciência) são ainda indiferenciados, de modo que percebemos aí uma polissemia e uma multifuncionalidade (um termo que Durkheim emprega com frequência em *Formas elementares da vida religiosa*) de condutas humanas que podem ser interpretadas ao mesmo tempo como religiosas, econômicas, estéticas etc.

A evolução das sociedades tende a fazer com que surjam universos (que chamo de campos) que têm leis próprias, são autônomos. As leis fundamentais são, com frequência, tautologias. A do campo econômico, elaborada pelos filósofos utilitaristas: negócios são negócios; a do campo artístico, explicitamente colocada pela escola que se diz da arte pela arte: a finalidade da arte é a arte, a arte não tem outro objetivo que não seja a arte...Temos assim universos sociais com uma lei fundamental, um *nomos* independente do de outros universos, que são auto-nomos, que avaliam o que se faz aí, as questões que aí estão em jogo, de acordo com princípios e critérios irredutíveis aos de outros universos. Estamos aqui nos antípodas do economicismo, que consiste em aplicar a todos os universos o *nomos* característico do campo econômico. O que implica esquecer que esse mesmo campo se construiu por meio de um processo de diferenciação que postulava que o econômico não é redutível às leis que regem a economia doméstica, à *philia*, como dizia Aristóteles, e também o inverso.

Esse processo de diferenciação ou de autonomia resultou na constituição de universos que têm "leis fundamentais" (expressão emprestada de Kelsen) diferentes, irredutíveis, e que são o lugar de formas específicas de interesse. O que faz com que as pessoas corram e concorram no campo científico não é a mesma coisa que faz com que elas corram e concorram no campo econômico. O exemplo mais flagrante é o do campo artístico que se constitui no século XIX, atribuindo-se como lei fundamental o inverso da lei econômica. O processo, que se inicia na Renascença e que chega a seu termo na segunda metade do século XIX, com o que chamamos de arte pela arte, redundou em uma dissociação completa entre os objetivos lucrativos e os objetivos específicos do universo — com a oposição, por exemplo, entre a arte comercial e a arte pura. A arte pura, única forma de arte verdadeira de acordo com as normas específicas do campo autônomo, recusa objetivos comerciais, isto é, a subordinação do artista, e principalmente de sua produção, a demandas externas e às sanções dessa demanda, que são sanções econômicas. Ele se constitui sobre a base de uma lei fundamental que é a negação (ou a recusa) da economia: a de que não entra aqui quem tiver interesses comerciais.

Outro campo que se constitui a partir do mesmo tipo de recusa do interesse: o campo burocrático. A filosofia hegeliana do Estado, espécie de ideal do eu burocrático, é a representação que o campo burocrático pretende dar-se e dar de si mesmo, isto é, a imagem de um universo cuja lei fundamental é o serviço público; um universo no qual os agentes sociais não têm interesse pessoal e sacrificam seus próprios interesses ao público, ao serviço público, ao universal.

A teoria do processo de diferenciação e de autonomia dos universos sociais com leis fundamentais diferentes leva à explosão da noção de interesse; há tantas formas de *libido*, tantos tipos de "interesse", quanto há campos. Cada campo, ao se produzir, produz uma forma de interesse que, do ponto de vista de um outro campo, pode parecer desinteresse (ou absurdo, falta de realismo, loucura etc.). Vemos a dificuldade de aplicar o princípio da teoria do conhecimento sociológico que enunciei no início, e que pretende que tudo tem sentido. É possível uma sociologia desses universos cuja lei fundamental é o desinteresse (no sentido de recusa do interesse econômico)? Para que ela seja possível, é preciso que exista uma forma de interesse que podemos descrever, por necessidade de comunicação, e com o risco de cair na visão reducionista, como interesse pelo desinteresse, ou melhor, uma *disposição* desinteressada ou generosa.

Aqui é preciso lançar mão de tudo o que diz respeito ao simbólico, capital simbólico, interesse simbólico, lucro simbólico... Chamo de capital simbólico qualquer tipo de capital (econômico, cultural, escolar ou social) percebido de acordo com as categorias de percepção, os princípios de visão e de divisão, os sistemas de classificação, os esquemas classificatórios, os esquemas cognitivos, que são, em parte, produto da incorporação das estruturas objetivas do campo considerado, isto é, da estrutura de distribuição do capital no campo considerado. O capital simbólico que faz com que reverenciemos Luís XIV, que lhe façamos a corte, com que ele possa dar ordens e que essas ordens sejam obedecidas, com que ele possa desclassificar, rebaixar, consagrar etc., só existe na medida em que todas as pequenas diferenças, as marcas sutis de distinção na etiqueta e nos níveis sociais, nas práticas e nas vestimentas, tudo o que compõe a vida na corte, sejam percebidas pelas pessoas que conhecem e reconhecem, na prática (que incorporaram), um princípio de diferenciação que lhes permite reconhecer todas essas diferenças e atribuir-lhes valor, em uma palavra, pessoas prontas a morrer por uma querela de barretes. O capital simbólico é um capital com base cognitiva, apoiado sobre o conhecimento e o reconhecimento.

O desinteresse como paixão

Tendo evocado sumariamente os conceitos fundamentais, indispensáveis, a meu ver, para pensar a ação razoável — *habitus*, campo, interesse ou *illusio*, capital simbólico — volto ao problema do desinteresse. É possível uma conduta desinteressada e, se é, como e em que condições? Se permanecemos em uma filosofia da consciência, é evidente que só podemos responder negativamente à questão e que todas as ações aparentemente desinteressadas esconderão intenções de maximizar alguma forma de lucro. Ao introduzir a noção de capital simbólico (e de lucro simbólico), de certa maneira, radicalizamos o questionamento da visão ingênua: as ações mais santas — a ascese ou o devotamento mais extremos — poderão ser sempre suspeitas (e historicamente o foram, por certas formas extremas de rigorismo) de ter sido inspiradas pela busca do lucro simbólico de santidade ou de celebridade etc.[2] No início de *O processo civilizador*, Norbert Elias cita o exemplo de um duque que havia dado uma bolsa cheia de escudos a seu filho e que, seis meses mais tarde, ao interrogá-lo, quando ele se vangloria de não ter gasto o dinheiro, toma a bolsa e a joga pela janela. Ele dá, assim, uma lição de desinteresse, de gratuidade, de nobreza; mas também uma lição de colocação, de investimento do

---

2. Sobre esse ponto, deve-se ler o artigo de Gilbert Dagron, "L'homme sans honneur ou le saint scandaleux", *Annales ESC* (julho-agosto de 1990), pp. 929-939.

capital simbólico, que convém ao capital aristocrático. (Isso valeria também para um cabila honrado.)

Existem, de fato, universos sociais nos quais a busca do lucro estritamente econômico pode ser desencorajada por normas explícitas ou por injunções tácitas. *"Noblesse oblige"* significa que é sua nobreza que proíbe o nobre de fazer certas coisas, e o obriga a fazer outras. Já que faz parte de sua definição, de sua essência superior ser desinteressado, generoso, ele não pode deixar de sê-lo, "é mais forte que ele". Por um lado, o universo social exige que ele seja generoso; por outro, ele está disposto a ser generoso graças às lições brutais que Elias relata, mas também graças às inúmeras lições, frequentemente tácitas e quase imperceptíveis, da existência cotidiana — as insinuações, as reprovações, os silêncios, as evitações. As condutas de honra das sociedades aristocráticas ou pré-capitalistas têm como princípio uma economia de bens simbólicos fundada no recalque coletivo do interesse e, de maneira mais geral, da verdade sobre a produção e a circulação, que tende a produzir *habitus* "desinteressados", *habitus* antieconômicos, dispostos a recalcar os interesses, no sentido estrito do termo (isto é, a busca de lucros econômicos), particularmente nas relações domésticas.

Por que é importante pensar em termos de *habitus*? Por que é importante pensar o campo como um lugar que não produzimos e no qual nascemos, e não como um jogo arbitrariamente constituído? Porque isso permite compreender que existem condutas desinteressadas, cujo princípio não é o cálculo do desinteresse, a intenção calculada de superar o cálculo ou de mostrar que se é capaz de superá-lo. Isso contra La Rochefoucauld que, sendo produto de uma sociedade onde a honra era importante, compreendeu bem a economia dos bens simbólicos, mas, como o verme jansenista já se tinha introduzido no fruto aristocrático, passou a dizer que as atitudes aristocráticas são, de fato, as formas supremas de cálculo, cálculos de segundo grau (é o exemplo da clemência de Augusto). Em uma sociedade onde a honra é parte importante de sua constituição, as análises de La Rochefoucauld são falsas; elas se aplicam a sociedades nas quais a honra já está em crise, como aquelas que estudei em *Le déracinement*, nas quais os valores da honra vão se desgastando à medida que as trocas monetárias se generalizam e, através delas, o espírito calculista, que acompanha a possibilidade objetiva de cálculo (começa-se, coisa impensável, a avaliar o trabalho e o valor de um homem em termos monetários). Nas sociedades nas quais a honra é parte importante de sua constituição, podem existir *habitus* desinteressados e a relação *habitus*-campo é tal que, de maneira espontânea ou *apaixonada*, à maneira do "é mais forte do que eu", realizamos atos desinteressados. De certo modo, o aristocrata não pode deixar de ser generoso, por fidelidade a seu grupo e por fidelidade a si mesmo, como digno de ser membro do grupo. É isso que significa *"noblesse oblige"*. A nobreza é a nobreza como corpo, como grupo que, incorporado, toma corpo, disposição, *habitus*, torna-se sujeito de práticas nobres e obriga o nobre a agir nobremente.

Quando as representações oficiais daquilo que um homem é oficialmente em um espaço social dado tornam-se *habitus*, elas se tornam o fundamento real das práticas. Os universos sociais nos quais o desinteresse é a norma oficial, não são, sem dúvida, inteiramente regidos pelo desinteresse: por trás da aparência piedosa e virtuosa do desinteresse, há interesses sutis, camuflados, e o burocrata não é apenas o servidor do Estado, é também aquele que põe o Estado a seu serviço... Dito isso, não se vive impunemente sob a invocação permanente da virtude, já que somos apanhados pelos mecanismos e pelas sanções que existem para relembrar a obrigação do desinteresse.

A questão da possibilidade da virtude pode, portanto, ser remetida à questão das condições sociais de possibilidade em universos nos quais disposições duradouras de desinteresse podem se constituir e, uma vez constituídas, encontrar condições objetivas de reforço constante, tornando-se o fundamento de uma prática permanente da virtude; nos quais, do mesmo modo, as ações virtuosas existem comumente, com uma frequência estatística decente, não à maneira do heroísmo de alguns virtuosos. Não se pode fundamentar virtudes duradouras sobre uma decisão de consciência, isto é, à maneira de Sartre, sobre algo como um juramento...

Se o desinteresse é sociologicamente possível, isso só ocorre por meio do encontro entre *habitus* predispostos ao desinteresse e universos nos quais o desinteresse é recompensado. Dentre esses universos, os mais típicos são, junto com a família e toda a economia de trocas domésticas, os diversos campos de produção cultural, o campo literário, o campo artístico, o campo científico etc., microcosmos que se constituem sobre uma inversão da lei fundamental do mundo econômico e nos quais a lei do interesse econômico é suspensa. O que não quer dizer que eles não conheçam outras formas de interesse: a sociologia da arte ou da literatura desvela (ou desmascara) e analisa os interesses específicos constituídos pelo funcionamento do campo (e que puderam levar Breton a quebrar o braço de um rival em uma disputa poética) e pelos quais se está pronto a morrer.

Os lucros da universalização

Há ainda uma questão a colocar, que hesito em mencionar: por que observamos, quase universalmente, a existência de lucro na submissão ao universal? Creio que uma antropologia comparada permitiria dizer que existe um reconhecimento universal do reconhecimento do universal; que é universal nas práticas sociais reconhecer como valiosas as condutas baseadas na submissão, ainda que aparente, ao universal. Vou dar um exemplo. Pesquisando as trocas matrimoniais na Argélia, observei que existia uma norma oficial (é preciso casar com a prima paralela) e que essa norma era bem pouco observada na prática: a taxa de casamentos com a prima paralela patrilinear é da ordem de 3%, de 6% nas famílias dos marabus, mais rigoristas. Dito isso, dado que essa norma permanece sendo a verdade oficial das práticas, certos agentes que conheciam bem o jogo podiam, na lógica da hipocrisia piedosa, transformar em escolha por dever um casamento com a prima paralela imposta pela necessidade de "cobrir a vergonha", ou qualquer outra necessidade, "aceitando a ordem" da norma oficial, podiam acrescentar aos lucros obtidos por uma estratégia "interessada", os lucros obtidos pela conformidade ao universal.

Se é verdade que toda sociedade oferece a possibilidade de se obter um lucro do universal, as condutas com pretensão universal serão universalmente expostas à suspeita. Esse é o fundamento antropológico da crítica marxista da ideologia como universalização do interesse particular: ideólogo é aquele que toma por universal, por desinteressado, o que está de acordo com seu interesse particular. Dito isso, o fato de que existam lucros no universal e na universalização, o fato de que obtenhamos lucros prestando homenagem, ainda que de maneira hipócrita, ao universal, adornando como universal uma conduta determinada, de fato, pelo interesse particular (casamos com a prima paralela porque não encontramos outra prima, mas deixamos que se pense que é por respeito à regra), portanto, o fato de que possa haver lucros na virtude e na razão é, sem dúvida, um dos grandes motores da virtude e da razão na história. Sem recorrer a nenhuma hipótese metafísica (nem disfarçada de constatação empírica, como em Habermas), podemos dizer que a razão tem fundamento na história e que se a razão progride, ainda que lentamente, é porque há interesse na universalização e que, universalmente, mas sobretudo em certos universos, como o campo artístico, científico etc., é melhor aparecer como desinteressado do que como interesseiro, como generoso, altruísta, do que como egoísta. As estratégias de universalização, que fundamentam todas as *normas* e todas as

154

formas oficiais (com tudo o que elas possam ter de mistificação), e que se apoiam sobre a existência universal do lucro da universalização, fazem com que o universal tenha, universalmente, probabilidades diferentes de zero de se concretizar.

Podemos, assim, substituir a pergunta sobre se a virtude é possível pela questão de saber se podemos criar universos nos quais as pessoas tenham interesse no universal. Maquiavel disse que a república é um universo no qual os cidadãos têm interesse na virtude. A gênese de um universo desse tipo só é concebível se temos esse motor que é o reconhecimento universal do universal, isto é, o reconhecimento oficial da primazia do grupo e de seus interesses sobre o indivíduo e os interesses dele, que todos os grupos professam no próprio fato de se afirmarem como tais.

A suspeição crítica lembra que todos os valores universais são, de fato, valores particulares universalizados, portanto, sujeitos à suspeição (a cultura universal é a cultura dos dominantes etc.). Primeiro passo, inevitável, do conhecimento do mundo social, essa crítica não deve levar a esquecer que todas as coisas que os dominantes celebram, nas quais eles se celebram ao celebrá-las (a cultura, o desinteresse, o puro, a moral kantiana, a estética kantiana etc., tudo o que mostrei, talvez um pouco grosseiramente, no final de *La distinction*), só podem preencher sua função simbólica de legitimação porque, justamente, beneficiam-se, em princípio, de um reconhecimento universal — nenhum homem pode negá-las abertamente, sem negar, em si mesmo, sua humanidade — mas, as condutas que lhes prestam homenagem, sincera ou não, pouco importa, têm assegurada uma forma de lucro simbólico (principalmente de conformismo e de distinção) que, ainda que não seja buscado como tal, basta para lhes dar um fundamento sociológico e, ao lhes dar uma razão de ser, lhes assegura uma probabilidade razoável de existência.

Concluindo, volto à burocracia, um desses universos que, como o do direito, atribui-se a lei de submissão ao universal, ao interesse geral, ao serviço público, reconhecível na filosofia da burocracia como classe universal, neutra, acima dos conflitos, a serviço do interesse público, da racionalidade (ou da racionalização). Os grupos sociais que criaram a burocracia prussiana, ou a francesa, tinham interesse no universal e precisaram inventar o universal (o direito, a ideia de serviço público, a ideia de interesse geral etc.) e, se se pode dizer, a dominação em nome do universal para aceder à dominação.

Uma das dificuldades da luta política atualmente é que os dominantes, tecnocratas ou epistemocratas, de direita ou de esquerda, são partidários da razão e do universal: caminhamos em direção a universos nos quais, cada vez mais, serão necessárias justificativas técnicas, racionais, para dominar, e nos quais os próprios dominados poderão e deverão, cada vez mais, utilizar-se da razão para defender-se contra a dominação, já que os dominantes, cada vez mais, invocarão a razão e a ciência para exercer sua dominação. O que faz com que os progressos da razão venham a acompanhar, sem dúvida, o desenvolvimento de formas altamente racionalizadas de dominação (como vemos, desde já, na utilização de uma técnica como a pesquisa de opinião), e com que a sociologia, só ela capaz de desvendar esses mecanismos, deva, cada vez mais, escolher entre colocar seus instrumentos racionais de conhecimento a serviço de uma dominação cada vez mais racional, ou analisar racionalmente a dominação, principalmente a contribuição que o conhecimento racional pode dar à dominação.

6
A ECONOMIA DOS BENS SIMBÓLICOS

A questão da qual vou tratar esteve sempre presente, desde meus primeiros trabalhos de etnologia sobre a Cabília até minhas pesquisas mais recentes sobre o mundo da arte e, especificamente, sobre o funcionamento do mecenato nas sociedades modernas.[1] Gostaria de tentar mostrar que podemos, com o mesmo instrumental, pensar sobre coisas tão diferentes como os desafios de honra em uma sociedade pré-capitalista ou, em sociedades como a nossa, a atuação da Fundação Ford ou da Fundação da França, as trocas entre gerações no interior da família e as transações nos mercados de bens culturais ou religiosos etc.

Por razões evidentes, os bens simbólicos são espontaneamente alocados, pelas dicotomias comuns (material/espiritual, corpo/espírito etc.), no polo espiritual e, assim, frequentemente considerados como fora do alcance de uma análise científica. Eles se constituem em um desafio, ao qual gostaria de responder com o

---

1. Este texto é a transcrição de dois cursos do Collège de France, oferecidos na Faculdade de Antropologia e Sociologia da Universidade Lumière-Lyon II, em fevereiro de 1994.

apoio de trabalhos muito díspares: em primeiro lugar, as análises que fiz do funcionamento da economia cabila, exemplo acabado de economia pré-capitalista, fundada sobre a recusa do econômico, no sentido que lhe atribuímos; em seguida, as pesquisas que realizei, em momentos e em lugares diferentes (Cabília, Béarn etc.), sobre o funcionamento da economia doméstica, isto é, sobre as trocas, no interior da família, entre os membros da unidade doméstica e entre as gerações; as análises, nunca publicadas, do que chamo de economia da oferenda, isto é, o tipo de transação que se instaura entre a Igreja e os fiéis; e, ainda, os trabalhos sobre a economia de bens culturais, através das pesquisas que fiz sobre o campo literário e sobre a economia burocrática. Partindo dos dados que pude obter na análise desses universos sociais, fenomenicamente muito diferentes, e que nunca foram comparados como tais, gostaria de tentar resgatar os princípios gerais de uma economia dos bens simbólicos.

Afirmei há algum tempo, em um de meus primeiros livros, com a intrepidez somada à arrogância (e à ignorância) da juventude (mas foi talvez por ter ousado que posso fazer o que faço hoje...), que o papel da sociologia era o de construir uma teoria geral da economia das práticas. O que pareceu a alguns adeptos do *fast-reading* (entre os quais, infelizmente, há muitos professores) uma manifestação de economicismo, sublinhava, ao contrário, a vontade de arrancar do economicismo (marxista ou neomarginalista) as economias pré-capitalistas e setores inteiros das economias ditas capitalistas, que não funcionam inteiramente de acordo com a lei do interesse como busca da maximização do lucro (monetário). O universo econômico é feito de vários mundos econômicos, dotados de "racionalidades" específicas, que supõem e exigem, ao mesmo tempo, disposições "razoáveis" (mais do que racionais), ajustadas às regularidades, inscritas em cada um deles, às "razões práticas" que os caracterizam. Os mundos que vou descrever têm em comum a criação de condições objetivas para que os agentes sociais tenham aí interesse no "desinteresse", o que parece paradoxal.

Retrospectivamente, percebi que, na minha compreensão da economia cabila, utilizei-me, de maneira mais inconsciente do que consciente, do conhecimento prático que tinha, como todo mundo (todos nós temos em comum um passado no universo da família), da economia doméstica para entender essa economia que frequentemente contradiz a experiência que possamos ter da economia do cálculo. E, inversamente, tendo compreendido essa economia não econômica, pude voltar à economia doméstica ou à economia da oferenda, com um sistema de questões que não poderia ter construído, acredito, se tivesse dedicado minha vida à sociologia da família.

A dádiva e o "toma lá, dá cá"

De forma resumida, já que não posso supor que se conheça o que disse em *Le sens pratique*, voltarei a algumas análises desse livro, tentando recuperar alguns princípios gerais da economia simbólica. Começando pela análise da troca de dádivas, da qual relembrarei rapidamente o essencial. Mauss descreveu a troca de dádivas como sequência descontínua de atos generosos; Lévi-Strauss definiu-a como uma estrutura de reciprocidade que transcendia os atos de troca, nos quais a dádiva remete à sua retribuição. Quanto a mim, observei que o que faltava nessas duas análises era o papel determinante do intervalo temporal entre a dádiva e a retribuição, o fato de que, em praticamente todas as sociedades, admite-se tacitamente que não se devolve no ato o que se recebeu — o que implicaria uma recusa. Depois, perguntei-me sobre a função desse intervalo: Por que é preciso que a retribuição seja diferida e diferente? E mostrei que o intervalo tinha como função colocar um véu entre a dádiva e a retribuição, permitindo que dois atos perfeitamente simétricos parecessem atos singulares, sem relação. Se posso definir minha dádiva como uma dádiva gratuita, generosa, que não espera retribuição, é porque existe um risco, por menor que seja, de que não haja retribuição (sempre há ingratos), logo, um suspense, uma incerteza, que permite a existência, como tal, do intervalo entre o momento em que se dá e o momento em que se recebe. Em sociedades como a sociedade cabila, a pressão é de fato muito forte, e a liberdade de não retorno é ínfima. Mas a possibilidade existe e, por isso, a certeza não é completa. Portanto, tudo se passa como se o intervalo de tempo, que distingue a troca de dádivas do "toma lá, dá cá", lá estivesse para permitir que quem dá defina sua dádiva como uma dádiva sem retorno — e ao que retribui, de definir sua retribuição como gratuita e não determinada pela dádiva inicial.

Na realidade, a verdade estrutural que Lévi-Strauss desvendou não é ignorada. Recolhi na Cabília inúmeros provérbios que dizem mais ou menos que o presente é um infortúnio porque, no final das contas, é preciso retribuí-lo. (O mesmo acontece com a palavra dada ou o desafio.) Em todos os casos, o ato inicial é um atentado à liberdade de quem o recebe. Ele contém uma ameaça: obriga à retribuição, e à retribuição com acréscimo; isto é, cria obrigações, é um modo de reter, criando devedores.[2]

Mas essa verdade estrutural é como que recalcada coletivamente. Só podemos compreender a existência do intervalo temporal se tivermos a hipótese de que quem dá e quem recebe colaboram, sem sabê-lo, com um trabalho de dissimulação que visa negar a verdade da troca, o "toma lá, dá cá", que significa a anulação da troca de dádivas. Estamos aqui diante de um problema difícil: se a sociologia se atém a uma descrição objetivista, reduz a troca de dádivas ao "toma lá, dá cá" e deixa de poder mostrar a diferença entre uma troca de dádivas e uma ação de crédito. Assim, o importante na troca de dádivas é que, através do intervalo de tempo interposto, os dois trocadores trabalham, sem sabê-lo e sem estarem combinados, para mascarar, ou recalcar, a verdade objetiva do que fazem. Verdade que o sociólogo desvenda, mas correndo

---

2. Cf. P. Bourdieu. *Le sens pratique*. Paris, Minuit, 1980, pp. 180-183.

o risco de descrever como cálculo cínico um ato que se quer desinteressado e que é preciso tomar como tal, em sua verdade vivida, e que o modelo teórico também deve perceber e do qual deve dar conta.

Temos aí uma primeira propriedade da economia das trocas simbólicas: trata-se de trocas que têm sempre verdades duplas, difíceis de manter unidas. É preciso levar em conta essa dualidade. De forma mais geral, só podemos compreender a economia dos bens simbólicos se aceitamos, de saída, levar a sério esta ambiguidade que não é criada pelo pesquisador, mas que está presente na própria realidade, essa espécie de contradição entre a verdade subjetiva e a realidade objetiva (à qual a sociologia chega através da estatística e o etnólogo através da análise estrutural). Essa dualidade torna-se possível, e pode ser vivida, através de uma espécie de *self-deception*, de automistificação. Mas essa *self-deception* individual é apoiada por uma *self-deception* coletiva, um real *desconhecimento coletivo*[3], cujo fundamento se inscreve nas estruturas objetivas (a lógica da honra, que comanda todas as trocas — de palavras, de mulheres, de homicídios etc.) e nas estruturas mentais[4], excluindo a possibilidade de pensar e de agir de outro modo.

Se os agentes podem ser, simultaneamente, mistificadores de si próprios e dos outros, e mistificados, é porque eles foram imersos, desde a infância, em um universo no qual a troca de dádivas é socialmente *instituída* em disposições e crenças e escapa, assim, aos paradoxos que criamos artificialmente quando, como Jacques Derrida em um livro recente — *Passions** —, colocamo-nos na lógica da consciência e do livre arbítrio de um indivíduo isolado. Quando esquecemos que quem dá e quem recebe estão preparados e inclinados, por todo um trabalho de socialização, a entrar sem intenção nem cálculo de lucro na troca generosa, cuja

---
3. *Ibidem*, p. 191.
4. *Ibidem*, p. 315 (sobre o senso de honra, o *nif*).
* *Paixões*. Campinas, Papirus, 1995.

lógica se impõe a eles objetivamente, podemos concluir que a dádiva gratuita não existe, ou que é impossível, já que só podemos imaginar os dois agentes como calculistas, tendo como projeto subjetivo fazer o que fazem objetivamente, de acordo com o modelo lévi-straussiano, isto é, uma troca que obedece à lógica da reciprocidade.

Reconhecemos aí outra propriedade da economia das trocas simbólicas: é o *tabu da explicitação* (cuja forma, por excelência, é o preço). Dizer do que se trata, declarar a verdade da troca ou, como dizemos, às vezes, "quanto custou" (quando damos um presente, retiramos a etiqueta do preço...), é anular a troca. De passagem, vemos que as condutas, das quais a troca de dádivas é o paradigma, colocam um problema bem difícil para a sociologia, que, por definição, explicita: ela é obrigada a dizer o que é dado e que deve permanecer tácito, não dito, sob o risco de ser destruído enquanto tal.

Podemos encontrar uma verificação dessas análises e uma comprovação desse tipo de tabu da explicitação que encobre a economia das trocas simbólicas, em uma descrição dos efeitos produzidos pela introdução do preço. Assim como podemos utilizar a economia das trocas simbólicas como analisador da economia da troca econômica, também podemos, inversamente, pedir à economia da troca econômica que sirva de analisador da economia das trocas simbólicas. Portanto, o *preço*, característica própria da economia das trocas econômicas, por oposição à economia de bens simbólicos, funciona como uma expressão simbólica do consenso sobre a taxa de troca envolvida em toda troca econômica. Esse consenso a respeito da taxa de troca está presente também em uma economia das trocas simbólicas, mas os termos e as condições aí são implícitos. Na troca de dádivas, o preço deve ficar implícito (como no caso da etiqueta): não quero saber a verdade sobre o preço e não quero que o outro saiba. Tudo se passa como se nos puséssemos de acordo para evitar de nos pormos explicitamente de acordo a respeito do valor relativo das coisas trocadas, para recusar toda definição prévia, explícita, dos termos da troca, isto é, do preço (o que, como observa Viviana Zelizer, traduz-se em um tabu sobre o uso da moeda em certas trocas — não se dá um salário ao filho ou à esposa e o jovem cabila que pede um salário ao pai é motivo de escândalo).

A linguagem que utilizo tem conotações finalistas e pode dar a impressão de que as pessoas fecham os olhos deliberadamente; de fato, seria preciso dizer que "tudo ocorre como se". Recusar a lógica do preço é um modo de recusar o cálculo e o calculismo. O fato de que o consenso a respeito da taxa de troca seja explícito sob a forma de preço é o que torna possível tanto o calculismo quanto a previsibilidade: sabemos onde estamos. Mas é o que também arruina qualquer economia das trocas simbólicas, economia das coisas sem preço, no seu duplo sentido. (Falar do preço de coisas sem preço, como as vezes somos obrigados a fazer[5], pela necessidade de análise, é introduzir uma contradição nesses termos.)

O silêncio a respeito da verdade da troca é um silêncio compartilhado. Os economistas que apenas concebem a ação racional, calculada, em nome de uma filosofia finalista e intelectualista da ação, falam de *common knowledge*: uma informação é *common knowledge* quando podemos dizer que todos sabem que todos sabem que todos possuem essa informação ou, como também se diz, que se trata de um segredo de Polichinelo. Poderíamos ficar tentados a dizer que a verdade objetiva da troca de dádivas é, em certo sentido, *common knowledge*: sei que sabes que, quando te dou algo, sei que retribuirás etc. Mas, o que é certo, é que esse segredo de Polichinelo é tabu. Tudo isso deve ficar implícito. Há muitos mecanismos sociais objetivos e incorporados em cada agente que fazem com que a própria ideia de divulgar esse segredo (dizendo: basta de representar, deixemos de apresentar trocas

---

5. Cf. V. Zelizer. *Pricing the priceless child*. Nova York, Basic Books, 1987; *The social meaning of money*. Nova York, Basic Books, 1994.

recíprocas como se fossem dádivas generosas, isso é hipocrisia etc.) seja sociologicamente impensável.

Mas falar, como tenho feito, de *common knowledge* (ou de *self-deception*), é permanecer em uma filosofia da consciência e agir como se cada agente fosse habitado por uma dupla consciência, uma consciência desdobrada, dividida contra si mesma, *conscientemente* reprimindo uma verdade da qual tem conhecimento (não invento nada: basta ler *Ulisses e as sereias*, de Jon Elster). Não podemos dar conta de todas as condutas duplas, sem duplicidade, da economia das trocas simbólicas, a não ser abandonando a teoria da ação como produto de uma consciência intencional, de um projeto explícito, de uma intenção explícita e orientada por um objetivo explicitamente colocado (particularmente, aquele que a análise objetiva da troca aponta).

A teoria da ação que proponho (com a noção de *habitus*) implica dizer que a maior parte das ações humanas tem por base algo diferente da intenção, isto é, disposições adquiridas que fazem com que a ação possa e deva ser interpretada como orientada em direção a tal ou qual fim, sem que se possa, entretanto, dizer que ela tenha por princípio a busca consciente desse objetivo (é aí que o "tudo ocorre como se" é muito importante). O melhor exemplo de disposição é, sem dúvida, o sentido do jogo: o jogador, tendo interiorizado profundamente as regularidades de um jogo, faz o que faz no momento em que é preciso fazê-lo, sem ter a necessidade de colocar explicitamente como finalidade o que deve fazer. Ele não tem necessidade de saber conscientemente o que faz para fazê-lo, e menos ainda de se perguntar explicitamente (a não ser em algumas situações críticas) o que os outros podem fazer em resposta, como faz crer a visão do jogo de xadrez ou de bridge que alguns economistas (especialmente quando aderem à teoria dos jogos) atribuem aos agentes.

Assim, a troca de dádivas (ou de mulheres, de serviços etc.), concebida como paradigma da economia de bens simbólicos, opõe-se ao "toma lá, dá cá" da economia econômica, já que não tem como princípio um sujeito calculista, mas um agente socialmente predisposto a entrar, sem intenção ou cálculo, no jogo da troca. É nesse sentido que ela ignora ou recusa sua verdade objetiva de troca econômica. Outro modo de demonstrá-lo está em que, nessa economia, ou deixamos o interesse econômico em estado implícito, ou, se o enunciamos, é através de eufemismos, isto é, em uma linguagem de recusa. O eufemismo é o que nos permite dizer tudo, dizendo que não o dizemos; o que permite nomear o inominável, isto é, em uma economia de bens simbólicos, o econômico, no sentido usual do termo, o "toma lá, dá cá".

Disse "eufemismo", poderia ter dito "conformação". O trabalho simbólico consiste em, simultaneamente, colocar-se em forma e exibir as formas. O que o grupo exige é que exibamos as formas, que honremos a humanidade dos outros, atestando a nossa própria, afirmando nosso "ponto de honra espiritualista". Não existe sociedade que deixe de honrar aqueles que a honram aparentando recusar a lei do interesse egoísta. O que se exige não é que façamos inteiramente o que é necessário, mas sim que, pelo menos, mostremos sinais de que nos esforçamos por fazê-lo. Não se espera dos agentes sociais que eles se conformem perfeitamente, mas sim que eles ajam em conformidade, que mostrem sinais visíveis de que, se pudessem, respeitariam as regras (é assim que entendo a máxima "a hipocrisia é uma homenagem que o vício presta à virtude"). Os eufemismos práticos são uma espécie de homenagem que prestamos à ordem social e aos valores que a ordem social celebra, mesmo sabendo que ela está destinada a ser ridicularizada.

A alquimia simbólica

Essa hipocrisia estrutural impõe-se especialmente aos dominantes de acordo com a máxima "*noblesse oblige*". Para os cabilas, a economia econômica, tal como a praticamos, é uma economia de mulheres.[6] Os homens dedicam-se a questões de honra, que impedem qualquer concessão à lógica da economia econômica. O homem honrado não pode dizer: "Tu me devolverás antes do plantio"; ele deixa vago o prazo de pagamento. E tampouco: "Tu me darás quatro quintais de trigo em troca do boi que vou te emprestar". Ao passo que as mulheres dizem a verdade dos preços e dos prazos; elas podem se permitir dizer a verdade econômica já que, de qualquer modo, estão excluídas (pelo menos como sujeitos) da economia das trocas simbólicas. O que é também válido nas nossas sociedades. Ver-se-á, por exemplo, no número da revista *Actes de la Recherche* dedicado à "economia doméstica"[7] que, com frequência, os homens se esforçam para fazer com que as mulheres façam o que eles não podem fazer sem se rebaixar, como perguntar o preço.

A recusa da economia cumpre-se em um trabalho objetivamente votado à transfiguração das relações econômicas, especialmente das relações de exploração (homem/mulher, irmão mais velho/irmão mais novo, patrão/empregado etc.), transfiguração pelo verbo (através do eufemismo), mas também por atos. Existem eufemismos práticos. A troca de dádivas constitui-se graças ao intervalo de tempo (fazemos o que fazemos, sob a aparência de não fazê-lo). Os agentes engajados em uma economia de trocas simbólicas gastam uma parte considerável de sua energia na elaboração desses eufemismos. (Essa é uma das razões porque a economia econômica é muito mais econômica. Quando, por exemplo, ao invés de dar um presente "pessoal", isto é, adequado ao gosto do destinatário, acabamos, por preguiça ou comodidade, por preencher um cheque, economizamos o trabalho de pesquisa que supõe a atenção e o cuidado necessários para que o presente seja adequado à pessoa, a seus gostos, que chegue no momento certo

---

6. Cf. P. Bourdieu, *op. cit.*, p. 318.
7. "L'économie de la maison", *Actes de la Recherche en Sciences Sociales* 81/82 (março de 1990).

etc., e que seu "valor" não seja diretamente redutível ao valor em dinheiro.) A economia econômica é, portanto, mais econômica, na medida em que permite economizar o trabalho de construção simbólica que objetivamente leva a dissimular a verdade objetiva da prática.

O exemplo mais interessante dessa espécie de alquimia simbólica seria a transfiguração das relações de dominação e de exploração. A troca de dádivas pode se dar entre iguais, contribuindo para reforçar a "comunhão", a solidariedade, através da comunicação que cria os laços sociais. Mas pode também dar-se entre agentes real ou virtualmente desiguais, como no *potlatch* que, a crer nas descrições dele feitas, institui relações de dominação simbólica duradouras, relações de dominação fundadas na comunicação, no conhecimento e no reconhecimento (no sentido duplo). Entre os cabilas, as mulheres trocam constantemente pequenos presentes cotidianos que tecem as relações sociais sobre as quais se apoiam muitas coisas importantes relativas, principalmente, à reprodução do grupo, ao passo que os homens são os responsáveis pelas grandes trocas descontínuas, extra-ordinárias.

Entre os atos comuns e os atos extraordinários de troca, dos quais o *potlatch* é o exemplo limite (como ato de dar para além das possibilidades de retribuição, o que coloca aquele que recebe em estado de devedor, de dominado), há apenas uma diferença de grau. Na dádiva mais igualitária, existe a possibilidade do efeito de dominação. E na dádiva mais desigual está, apesar de tudo, implícito um ato de troca, um ato simbólico de reconhecimento da igualdade na humanidade, que só tem valor entre aqueles que possuam as categorias de percepção que lhes permitam perceber a troca como troca e de ter interesse no objeto da troca. Só um trobriandês bem-socializado recebe as esteiras e as conchas que devem ser reconhecidas como dádivas e suscitar seu reconhecimento; do contrário, não há nada a fazer, isso não lhe interessa.

Os atos simbólicos sempre supõem atos de conhecimento e de reconhecimento, atos cognitivos por parte daqueles que são seus destinatários. Para que uma troca simbólica funcione, é preciso que ambas as partes tenham categorias de percepção e de avaliação idênticas. Isso vale também para os atos de dominação simbólica que, como vemos claramente no caso da dominação masculina[8], são exercidos com a cumplicidade objetiva dos dominados, na medida em que, para que tal forma de dominação se instaure, é preciso que o dominado aplique aos atos do dominante (e a todo seu ser) estruturas de percepção que sejam as mesmas que as que o dominante utiliza para produzir tais atos.

A dominação simbólica (é um modo de defini-la) apoia-se no desconhecimento, portanto, no reconhecimento, dos princípios em nome dos quais ela se exerce. Isso vale para a dominação masculina e também para certas relações de trabalho, como aquelas que, nos países árabes, vinculam ao seu senhor o *khammès*, espécie de meeiro que recebe a quinta parte da colheita, ou, conforme Max Weber, para o empregado rural (por oposição ao operário rural). O sistema do quinto só pode funcionar em sociedades que ignoram os limites do mercado ou do Estado, se o meeiro é de algum modo "domesticado", isto é, *vinculado* por laços que não são os jurídicos. Para vinculá-lo, é preciso encantar a relação de dominação e de exploração, de modo a transformá-la em relação doméstica de familiaridade, através de uma série contínua de atos adequados a transfigurá-la simbolicamente, eufemizando-a (responsabilizando-se pelo filho, casando a filha, dando-lhe presentes etc.).

Em nossas sociedades, e até no centro da economia econômica, encontramos ainda a lógica da economia de bens simbólicos e a alquimia que transforma a verdade das relações de dominação no paternalismo. Outro exemplo seria a relação entre os irmãos

---

8. P. Bourdieu. "La domination masculine", *Actes de la Recherche en Sciences Sociales* 84 (setembro de 1990), pp. 3-31.

mais velhos e mais moços, tal como ela se apresenta em certas tradições (os "irmãos mais novos da Gasconha"): nas sociedades com direito de primogenitura, é necessário (pode-se dizer, era necessário) que o irmão mais moço se submeta, o que significa, com frequência, que renuncie a se casar e se torne, como diz o cinismo nativo, "um empregado sem salário" (ou, como dizia Galbraith, a respeito da dona de casa, um "criptocriado" — *crypto-servant*), que ame os filhos do irmão mais velho como se fossem seus (todos o encorajam), ou que parta, aliste-se no exército (os mosqueteiros), torne-se guarda ou carteiro.

O trabalho de domesticação (aqui, do irmão mais novo), necessário para transfigurar a verdade objetiva de uma relação, é criação de todo o grupo, que o encoraja e recompensa. Para que a alquimia funcione, como na troca de dádivas, é preciso que seja sustentada por toda a estrutura social, logo, pelas estruturas mentais e disposições produzidas por essa estrutura social; é preciso que exista um mercado para as ações simbólicas conformes, que haja recompensas, lucros simbólicos, com frequência conversíveis em lucros materiais, que se possa ter interesse pelo desinteresse, que aquele que trata bem seu empregado seja recompensado, que dele se diga: "É um homem honesto, um homem honrado!" Mas essas relações permanecem ambíguas, perversas: o *khammès* sabe muito bem que pode atingir seu patrão; se ele se vai, fingindo que o patrão o maltratou, faltou com sua palavra ("a mim, que tanto fiz por ele..."), a desonra recai sobre o patrão. Do mesmo modo, o patrão pode invocar as faltas e os erros do *khammès*, se esses são conhecidos de todos, para despedi-lo mas se, exasperado porque seu *khammès* lhe roubou azeitonas, ele for levado a esmagá-lo, humilhá-lo além dos limites, a situação volta-se a favor do fraco. Esses jogos extremamente complexos, de um extraordinário refinamento, desenrolam-se diante do tribunal do juízo da comunidade, que também utiliza princípios de percepção e de avaliação idênticos aos dos envolvidos.

O reconhecimento

Um dos efeitos da violência simbólica é a transfiguração das relações de dominação e de submissão em relações afetivas, a transformação do poder em carisma ou em encanto adequado a suscitar um encantamento afetivo (por exemplo, nas relações entre patrões e secretárias). O reconhecimento da dívida torna-se reconhecimento, *sentimento* duradouro em relação ao autor do ato generoso, que pode chegar à afeição, ao amor, como vemos com particular clareza nas relações entre gerações.

A alquimia simbólica, tal como acabo de descrevê-la, produz, em proveito daquele que cumpre com esses atos de eufemismo, de transfiguração, de conformação, um capital de reconhecimento que lhe permite ter efeitos simbólicos. É o que chamo de capital simbólico, atribuindo assim um sentido rigoroso ao que Max Weber designava pela palavra carisma, conceito puramente descritivo, que ele tomava explicitamente — no início do capítulo sobre a religião em *Wirtschaft und Gesellschaft* — como equivalente ao que a escola durkheimiana chamava de *mana*. O capital simbólico é uma propriedade qualquer — força física, riqueza, valor guerreiro — que, percebida pelos agentes sociais dotados das categorias de percepção e de avaliação que lhes permitem percebê-la, conhecê-la e reconhecê-la, se torna simbolicamente eficiente, como uma verdadeira *força mágica*: uma propriedade que, por responder às "expectativas coletivas", socialmente constituídas, em relação às crenças, exerce uma espécie de ação à distância, sem contato físico. Damos uma ordem e ela é obedecida: é um ato quase mágico. Mas é apenas em aparência uma exceção à lei de conservação da energia social. Para que o ato simbólico tenha, sem gasto visível de energia, essa espécie de eficácia mágica, é preciso que um trabalho anterior, frequentemente invisível e, em todo caso, esquecido, recalcado, tenha produzido, naqueles submetidos ao ato de imposição, de injunção, as disposições necessárias para que eles tenham a sensação de ter de obedecer sem sequer se colocar a questão da obediência. A violência simbólica é essa violência que extorque submissões que sequer são percebidas como tais, apoiando-se em "expectativas coletivas", em crenças socialmente inculcadas. Como a teoria da magia, a teoria da violência simbólica apoia-se em uma teoria da crença ou, melhor, em uma teoria da produção da crença, do trabalho de socialização necessário para produzir agentes dotados de esquemas de percepção e de avaliação que lhes farão perceber as injunções inscritas em uma situação, ou em um discurso, e obedecê-las.

A crença de que falo não é uma crença explícita, colocada explicitamente como tal em relação à possibilidade de uma não crença, mas uma adesão imediata, uma submissão dóxica às injunções do mundo, obtida quando as estruturas mentais daquele a quem se dirige a injunção estão de acordo com as estruturas envolvidas na injunção que lhe é dirigida. Dizemos, nesse caso, que a coisa estava dada, que não havia o que fazer. Diante do desafio à honra, ele fez o que devia fazer, o que em tal caso faz um homem honrado de verdade, e ele o fez de maneira particularmente satisfatória (já que há sutilezas no modo de satisfazer a uma injunção). Aquele que responde às expectativas coletivas, que, sem qualquer cálculo, se ajusta de imediato às exigências inscritas em uma situação, tira todo o proveito do mercado de bens simbólicos. Tira proveito da virtude, mas também proveito do desembaraço, da elegância. E ele é tanto mais elogiado pela consciência comum por ter feito, como se fosse natural, algo que era, como se diz, a única coisa a fazer, mas que ele poderia não ter feito.

Última característica, importante: esse capital simbólico é comum a todos os membros de um grupo. Dado que é um ente percebido, existente na relação entre propriedades que os agentes detêm e as categorias de percepção (alto/baixo, masculino/feminino, grande/pequeno etc.) que, enquanto tais, constituem e constroem categorias sociais (os do alto/os de baixo, os homens/as mulheres, os grandes/os pequenos) fundadas na união (aliança, comensalidade, casamento) e na separação (o tabu do contato, das uniões desiguais etc.), ele está vinculado a grupos — ou a nomes de grupos, de famílias, clãs, tribos — e é, ao mesmo tempo, instrumento e alvo de estratégias coletivas que visam conservá-lo ou ampliá-lo e de estratégias individuais que visam adquiri-lo ou conservá-lo, através da união aos grupos que o detêm (pela troca de dádivas, comensalidade, casamento etc.) e através da separação dos grupos desprovidos, ou pouco providos, dele (as etnias estigmatizadas).[9] Nas sociedades diferenciadas, uma das dimensões do capital simbólico é a identidade étnica que, junto com o nome, a cor da pele, é um *percipi*, um ente percebido, que funciona como capital simbólico positivo ou negativo.

Dado que as estruturas de percepção e de avaliação são, no essencial, produto da incorporação de estruturas objetivas, a estrutura de distribuição do capital simbólico tende a demonstrar grande estabilidade. E as revoluções simbólicas supõem uma revolução mais ou menos radical dos instrumentos de conhecimento e das categorias de percepção.[10]

Assim, a economia pré-capitalista apoia-se fundamentalmente em uma recusa do que nós consideramos como a economia, o que obriga a ter como implícita uma série de operações e de representações sobre essas operações. A segunda propriedade, correlativa, é a transfiguração de atos econômicos em atos simbólicos, transfiguração que pode se realizar praticamente, como na troca de dádivas, por exemplo, na qual a dádiva deixa de ser um objeto material para tornar-se uma espécie de mensagem ou de símbolo adequado à criação de um laço social. Terceira propriedade: nessa circulação de tipo muito especial se produz e se acumula um tipo especial de capital, que chamei de capital simbólico e que tem como característica surgir em uma relação social entre as

---
9. Cf. a análise do funcionamento dos salões em Proust, *in*: P. Bourdieu. *Le sens pratique*, op. cit., pp. 242-243.
10. Cf. P. Bourdieu. *Les règles de l'art*, op. cit., p. 243.

propriedades possuídas por um agente e outros agentes dotados de categorias de percepção adequadas: ente percebido, construído, de acordo com categorias de percepção específicas, o capital simbólico supõe a existência de agentes sociais constituídos, em seus modos de pensar, de tal modo que conheçam e reconheçam o que lhes é proposto, e creiam nisso, isto é, em certos casos, rendam-lhe obediência e submissão.

O tabu do cálculo

A constituição da economia como economia, progressivamente feita nas sociedades europeias, acompanha a constituição negativa de ilhotas de economia pré-capitalista que se perpetuam no universo da economia constituído como tal. Esse processo corresponde à emergência de um campo, de um espaço de jogo, lugar de um jogo de tipo novo, cujo princípio é a lei do interesse material. Instaura-se no centro do mundo social um universo no interior do qual a lei da dádiva retribuída se torna a regra explícita e afirmada *publicamente*, de maneira quase cínica. Quando se trata de negócios, por exemplo, as leis da família são suspensas. Sendo ou não meu primo, você será tratado por mim como um comprador qualquer; não há preferência, privilégio, exceção, isenção. Para os cabilas, a moral dos negócios, do mercado, opõe-se à moral da boa-fé, da do *bu niya* (homem de boa-fé, inocente, honrado), o que impede, por exemplo, que emprestemos dinheiro a juros a alguém da família. O mercado é o lugar do cálculo ou até da astúcia diabólica, de transgressão diabólica do sagrado. Ao contrário de tudo o que é exigido pela economia de bens simbólicos, aí um gato é chamado de gato, o interesse de interesse, o lucro de lucro. Aí acaba o trabalho de eufemização que, entre os cabilas, se impunha até no mercado: as relações de mercado estavam elas próprias imersas (*embedded*, como diz Polanyi) em relações sociais (não se comercia de qualquer modo e com qualquer um; em caso de venda ou de compra, cercamo-nos de fiadores, escolhidos entre pessoas conhecidas e reputadas por sua honra), e só progressivamente a lógica do mercado se autonomizou, de certo modo, desprendendo-se de toda essa rede de relações sociais mais ou menos encantadas de dependência.

No final desse processo, por um efeito de inversão, a economia doméstica passa a ser a exceção. Max Weber diz em algum lugar que passamos de sociedades nas quais os negócios econômicos são concebidos de acordo com o modelo das relações de parentesco a sociedades nas quais as próprias relações de parentesco são concebidas de acordo com o modelo das relações econômicas. O espírito de cálculo, lá reiteradamente recalcado (ainda que a tentação do cálculo nunca estivesse ausente, entre os cabilas como alhures), afirma-se progressivamente, à medida que se desenvolvem as condições favoráveis a seu exercício e a sua *afirmação pública*. A emergência do campo econômico marca a aparição de um universo no qual os agentes sociais podem confessar a si próprios e confessar publicamente que eles têm interesses e desprender-se do desconhecimento coletivamente mantido, no qual podem não apenas fazer negócios, mas confessar que lá estão para fazê-los, isto é, para se comportar de maneira interessada, calcular, obter lucro, acumular, explorar.[11]

Com a constituição da economia e a generalização das trocas monetárias e do espírito de cálculo, a economia doméstica deixa de fornecer o modelo de todas as relações econômicas. Ameaçada em sua lógica específica pela economia mercantil, ela tende cada

---

11. Podemos ler a obra de Émile Benveniste, *Le vocabulaire des institutions indo-européennes* (Paris, Minuit, 1969, especialmente o primeiro volume), como uma análise do processo através do qual os conceitos fundamentais do pensamento econômico se desprendem progressivamente da ganga de significações não econômicas (familiares, políticas, religiosas etc.), na qual estavam imersos (por exemplo, compra e resgate). Como Lukacs *(Histoire et conscience de classe*, Paris, Minuit, 1974, p.266) observa, a formação progressiva da economia política como disciplina autônoma, tomando por objeto a economia *enquanto* economia, é ela mesma uma dimensão do processo de autonomização do campo econômico. O que quer dizer que existem condições históricas e sociais de possibilidade dessa ciência, que é preciso explicitar, para evitar ignorar os limites dessa pretensa "teoria pura".

vez mais a afirmar explicitamente sua lógica específica, a do amor. Levando a oposição a seu limite, em benefício da clareza da demonstração, podemos assim opor a lógica das trocas sexuais domésticas, que não tem preço, à lógica das relações sexuais mercantis, que têm um preço de mercado explícito e são sancionadas pelas trocas monetárias. As mulheres domésticas, que não têm utilidade material nem preço (tabu do cálculo e do crédito), são excluídas da circulação mercantil (exclusividade) e objetos e sujeitos de sentimento; por oposição, as mulheres ditas venais (as prostitutas) têm um preço de mercado explícito, fundado na moeda e no cálculo, não sendo nem objetos nem sujeitos de sentimento, vendem seu corpo como objeto.[12]

Vemos que, contra o reducionismo economicista à Gary Becker, que reduz ao cálculo econômico o que por definição nega e desafia o cálculo, a unidade doméstica leva a perpetuar em seu seio uma lógica econômica muito específica. A família, como unidade integrada, é ameaçada pela lógica da economia. Agrupamento monopolista definido pela apropriação exclusiva de uma categoria determinada de bens (a terra, o nome etc.), ela é simultaneamente unida e dividida pela propriedade. A lógica do universo econômico circundante introduz no interior da família o verme do cálculo, que corrói os sentimentos. Unida pelo patrimônio, a família é lugar de uma competição pelo patrimônio e pelo poder desse patrimônio. Mas essa competição ameaça continua-

---

12. De acordo com Cecilie Hoigard e Liv Finstad, muitas prostitutas dizem que, ao contrário do que se espera, preferem a prostituição de rua, a venda rápida do corpo, que permite uma espécie de reserva mental, à prostituição em hotéis que, na medida em que se pretende privilegiar o encontro livre, com alto grau de eufemização, exige um gasto bem maior de tempo e de esforço de aparência, de eufemismo: no primeiro caso, trata-se de encontros breves, rápidos, durante os quais elas podem pensar em outra coisa, agir como objetos; ao passo que os encontros em hotéis, aparentemente muito mais respeitosos da pessoa, são vividos como muito mais alienantes porque é preciso falar com o cliente, parecer estar interessada nele, e a liberdade na alienação, que oferece a possibilidade de pensar em outra coisa, desaparece em proveito de uma relação que recupera um pouco da ambiguidade dos amores não mercenários (C. Hoigard e L. Finstad. *Backstreets: Prostitution, money and love*. University Park, Pennsylvania University Press, 1992).

mente destruir esse capital, arruinando o fundamento de sua perpetuação, isto é, a unidade, a coesão, a integração; e ela impõe, assim, condutas destinadas a perpetuar o patrimônio, perpetuando a unidade dos herdeiros, que se dividem por causa dele. No caso da Argélia, mostrei que a generalização das trocas monetárias e a constituição correlativa da ideia "econômica" do trabalho como trabalho assalariado — por oposição ao trabalho como ocupação ou função com um fim em si mesmo — trazem consigo a generalização de disposições calculistas, que ameaçam a indivisão dos bens e de tarefas sobre as quais repousa a unidade familiar; de fato, nas sociedades diferenciadas, o espírito de cálculo e a lógica do mercado corroem o espírito de solidariedade e tendem a substituir as decisões coletivas da unidade doméstica ou do chefe da casa pelas decisões individuais do indivíduo isolado, privilegiando o desenvolvimento de mercados separados de acordo com as diferentes categorias de idade ou de sexo (os *teen-agers*) constitutivas das unidades domésticas.

Seria preciso relembrar aqui a análise do sistema de estratégias de reprodução, estratégias encontradas, sob formas diferentes e com pesos relativos diferentes, em todas as sociedades, cujo princípio é essa espécie de *conatus*, de pulsão da família, da casa, para perpetuar-se, perpetuando sua unidade contra os fatores de divisão, especialmente contra os que são inerentes à competição pela propriedade que funda a unidade da família.

Como corpo dotado de um espírito corporativo (a esse título, votado a servir de modelo arquetípico para todos os grupos desejosos de funcionar como corpos — por exemplo, as *fraternities* e as *sororities* das universidades americanas), a família está submetida a dois sistemas de forças contraditórios: por um lado, as forças da economia que introduzem as tensões, as contradições e os conflitos que evoquei, mas que, em certos contextos, impõem também a manutenção de uma certa coesão e, por outro lado, as forças de coesão, parcialmente vinculadas ao fato de a reprodução do capital, sob suas diferentes formas, depender, em grande parte, da reprodução da unidade familiar.

Isso é particularmente verdadeiro em relação ao capital simbólico e ao capital social que só podem se reproduzir pela reprodução da unidade social elementar que é a família. Na Cabília, inúmeras famílias que romperam com a unidade da propriedade e das tarefas decidiram manter uma fachada indivisa, para salvaguardar a honra e o prestígio da grande família solidária. Assim também, nas grandes famílias burguesas das sociedades modernas desenvolvidas, e até nas categorias as mais distantes do modo de reprodução familiar existentes nas corporações, os agentes econômicos abrem um espaço considerável, em suas estratégias e suas práticas econômicas, à reprodução de laços domésticos ampliados, o que é uma das condições de reprodução de seu capital. Os grandes têm grandes famílias (creio que essa é uma lei antropológica geral), têm interesse particular em manter relações do tipo da família extensa e, através dessas relações, uma forma específica de concentração de capital. Dito de outro modo, apesar de todas as forças de fissão que se exercem sobre ela, a família permanece um dos lugares de acumulação, de conservação e de reprodução de diferentes tipos de capital. Os historiadores sabem que as grandes famílias resistem às revoluções (como mostram, entre outros, os trabalhos de Chaussinand-Nogaret). Uma família muito extensa tem um capital muito diversificado de modo que, desde que a coesão familiar se mantenha, os sobreviventes podem se ajudar na restauração do capital coletivo.

Há, assim, no próprio interior da família, um trabalho de reprodução da unidade doméstica, de sua integração, trabalho encorajado e sustentado por instituições como a Igreja (seria preciso averiguar se o essencial do que chamamos de *moral* — especialmente a cristã, mas também a laica — não encontra seu fundamento na visão unitária da família) ou o Estado. Este contribui para criar ou reforçar essa categoria de construção da realidade, que é a ideia de família[13], através de instituições como o registro de família, as alocações familiares e todo o conjunto de ações, simbólicas e materiais, frequentemente acompanhadas de sanções econômicas, cujo efeito é reforçar em cada um de seus membros o interesse pela manutenção da unidade doméstica. Essa ação do Estado não é simples e é preciso ser sutil, levar em conta, por exemplo, o antagonismo entre o *direito civil*, que com frequência trabalha na direção da divisão — o código civil causou imensos problemas aos moradores do Béarn, que tiveram dificuldades em perpetuar a família fundada no direito da primogenitura nos limites de um código jurídico que exigia a partilha igualitária, e tiveram de inventar todo tipo de artimanha para contornar as leis e perpetuar a casa contra as forças de divisão introduzidas pelo direito — e o *direito social*, que valoriza certos tipos de família — as famílias monoparentais, por exemplo — ou que sanciona como universal, através de sua ajuda, uma visão particular da família, tratada como família "natural".

Seria preciso, ainda, analisar a lógica das trocas entre gerações, caso particular da economia das trocas simbólicas no interior da família. Para tentar dar conta da incapacidade dos contratos privados de assegurar a alocação intergerações dos recursos, os economistas construíram o que chamam de modelos de gerações imbricadas: temos duas categorias de agentes, os jovens e os velhos, os jovens do período (t) serão velhos em (t+1), os velhos do período (t) terão desaparecido em (t+1), e haverá uma nova geração; como podem os jovens transferir temporalmente uma parte da riqueza que produziram, para utilizá-la na velhice? Os economistas são interessantes porque têm um gênio da espécie imaginária, no sentido husserliano do termo, e porque constroem modelos formais que fazem girar no vazio, oferecendo assim instrumentos formidáveis para destruir evidências e obrigar a pôr em questão coisas que aceitamos tacitamente, até quando parecem paradoxais.

---

13. Cf. "O espírito de família", nesta coletânea, pp. 124-135.

Os economistas apoiam-se nessa análise das relações entre gerações para afirmar que a moeda é indispensável e que sua constância no tempo permite aos jovens utilizar a moeda que acumularam hoje quando forem velhos, já que os jovens do período seguinte continuarão a aceitá-la. O que implica dizer (como dizia Simiand, em um belo ensaio) que a moeda é sempre fiduciária e que sua validade está fundada em uma cadeia de crenças duradouras ao longo do tempo. Mas, para que as trocas entre gerações continuem apesar de tudo, é necessária também a intervenção da lógica da dívida como reconhecimento e a constituição de um sentimento de obrigação ou de gratidão. As relações entre as gerações são um dos lugares por excelência da transfiguração do reconhecimento da dívida em reconhecimento, piedade filial, amor. (As trocas situam-se sempre na lógica da dádiva — e não na do crédito — e os empréstimos entre pais e filhos excluem a antecipação de um interesse, e até os prazos de reembolso são vagos.) Atualmente, com a *philia* ameaçada pelas rupturas da coabitação provocadas pelas migrações vinculadas ao trabalho e pela generalização do espírito de cálculo (necessariamente egoísta), o Estado retomou o tema da unidade doméstica na gestão das trocas entre gerações e a "terceira idade" é uma dessas invenções coletivas, que permitiu transferir para o Estado a gestão dos velhos, até então deixada à família ou, mais precisamente, o Estado substituiu a gestão direta, no seio da família, das trocas entre as gerações, por uma gestão dessas trocas assegurada por ele, que efetua a cobrança e redistribuição dos recursos destinados aos velhos (outro exemplo de caso em que o Estado oferece uma solução ao problema do *free rider*).

O puro e o comercial

Volto à economia dos bens culturais. Reencontramos aí a maioria das características da economia pré-capitalista. A começar pela recusa do econômico: a gênese de um campo artístico ou de um campo literário é a emergência progressiva de um mundo econômico às avessas, no qual as sanções positivas do mercado são ou indiferentes ou até negativas.[14] O *best-seller* não é automaticamente reconhecido como obra legítima e o sucesso comercial até pode ser valorizado negativamente. Inversamente, o artista maldito (que é uma invenção histórica: assim como a própria ideia de artista, ele não existiu sempre) pode ver em sua maldição contemporânea o sinal de uma vitória futura. Essa visão da arte (que atualmente perde terreno, à medida que os campos de produção cultural perdem sua autonomia) foi inventada aos poucos, junto com a ideia do artista puro, que não tem outro objetivo senão a arte, que é indiferente aos valores do mercado, ao reconhecimento oficial, ao sucesso, à medida que se instituía um mundo social inteiramente específico, no qual o fracasso econômico podia ser associado a uma espécie de sucesso ou, em todo caso, não parecer desde logo com um fracasso irremediável. (Um dos problemas dos artistas não reconhecidos e que estão envelhecendo é o de convencer os outros, e convencer-se, de que seu fracasso é um sucesso e que eles têm uma possibilidade razoável de sucesso, já que existe um universo no qual se reconhece a possibilidade de ter sucesso sem vender livros, sem ser lido, sem ser encenado etc.)

Um mundo às avessas, no qual as sanções negativas podem se tornar sanções positivas, do qual, evidentemente, a verdade dos preços é sistematicamente excluída. Toda a linguagem é eufemística. Consequentemente, uma das principais dificuldades que a sociologia encontra se refere à escolha das palavras: se dizemos "produtor", assumimos um tom reducionista e efetivamente anulamos a especificidade desse espaço de produção que não é uma produção como as outras; se dizemos "criador", caímos na ideologia da "criação", na mística do artista único, que por definição escapa à ciência, ideologia tão potente que basta adotá-la para assumir o ar de artista — e obter todos os tipos de proveito

---

14. Cf. P. Bourdieu. *Les règles de l'art, op. cit.*, p. 201 ss.

simbólico. (Você escreve em uma revista: "Eu, como criador, detesto os sociólogos reducionistas" etc., e você passa por artista, ou por filósofo... Essa é uma das razões pelas quais tal revista ou tal jornal reiteradamente denunciam "o empirismo sociológico", "o sociólogo-rei", "o território do sociólogo" etc.) Essa ideologia profissional extremamente potente está inscrita em uma linguagem que exclui o vocabulário da economia mercantil: o comerciante de quadros, com frequência, intitula-se diretor de galeria; editor é um eufemismo para comerciante de livros ou comprador da força de trabalho literária (no século XIX, os escritores frequentemente se comparavam à prostitutas...). A relação entre o editor de vanguarda e o autor é, de fato, semelhante à relação entre o padre e o sacristão, que descreverei em seguida. O editor diz para um jovem autor com dificuldades no fim do mês: "Veja o exemplo de Beckett, ele nunca tocou em um centavo de seus direitos autorais!" O pobre escritor põe-se no seu lugar, ele não tem certeza de ser Beckett e tem certeza de que, diferentemente de Beckett, ele tem a baixeza de pedir dinheiro... Aqui também podemos reler *A educação sentimental*: o senhor Arnoux é um personagem ambíguo como comerciante de arte, metade comerciante, metade artista, e tem com os artistas uma relação meio sentimental, meio patronal. Essas relações de exploração suave só funcionam se são suaves. São relações de violência simbólica que só podem se instaurar com a cumplicidade daqueles que a sofrem, como as relações domésticas. O dominado colabora com sua própria exploração através de sua afeição e de sua admiração.

O capital do artista é um capital simbólico e nada é mais parecido com as disputas de honra entre os cabilas do que as disputas intelectuais. Em várias dessas disputas, o que está aparentemente em jogo (ter razão, triunfar com argumentos) esconde questões de honra. Desde as mais frívolas (nas disputas para saber o que se passou em Sarajevo, é Sarajevo que está em jogo?) até as mais "sérias" (como as disputas de prioridades). Esse capital simbólico de reconhecimento é um *percipi* suposto nas crenças das pessoas engajadas no campo. Isso foi claramente demonstrado por Duchamp que, como Karl Kraus em outras ocasiões, fez verdadeiros experimentos sociológicos. Ao exibir um urinol em um museu, ele tornou evidente o efeito de constituição que opera a consagração de um lugar consagrado — e as condições sociais de surgimento desse efeito. As condições não são só essas, mas era preciso que esse ato fosse realizado por ele, isto é, por um pintor reconhecido como pintor por outros pintores ou outros agentes do mundo artístico com o poder de dizer quem é pintor, que fosse realizado em um museu que o reconhecia como pintor e que tinha o poder de reconhecer seu ato como um ato artístico, era preciso que o meio artístico estivesse pronto a reconhecer esse questionamento de seu reconhecimento. Basta observar, *a contrario*, o que aconteceu com um movimento artístico como as "Artes incoerentes"[15]. Tratava-se de artistas que, no final do século XIX, fizeram uma série de atos artísticos depois refeitos nos anos 60, especialmente pelos artistas conceituais. Como as "expectativas sociais" das quais falava Mauss não estavam presentes, como "os espíritos não estavam preparados", como se diz, eles não foram levados a sério — em parte, porque eles mesmos não se levavam a sério e porque, dado o estado do campo, eles não podiam considerar ou apresentar como atos artísticos o que, sem dúvida, consideravam simples brincadeiras de aprendizes. Poderíamos dizer então, retrospectivamente: Vejam, eles inventaram tudo! O que é falso e verdadeiro. Eis por que é preciso tratar com muita prudência as questões de precursores e precedentes. As condições sociais para que esses artistas parecessem, e aparentassem, fazer o que pareciam estar fazendo a nossos olhos, ainda não estavam dadas. Portanto, eles não o faziam. O que quer dizer que, para que Duchamp pudesse bancar Duchamp, era preciso que o campo estivesse constituído de modo a que se pudesse bancar Duchamp...

---

15. D. Grojnowski. "Une avant-garde sans avancée, les 'Arts incohérents', 1882-1889", *Actes de la Recherche en Sciences Sociales* 40 (1981), pp. 73-86.

Seria preciso, ainda, tornar a dizer a respeito do capital simbólico do escritor ou do artista, a respeito do fetichismo do nome de autor e do efeito mágico da assinatura, tudo o que foi dito a respeito do capital simbólico tal como ele funciona em outros universos: como *percipi*, ele se apoia na crença, isto é, nas categorias de percepção e de avaliação vigentes no campo.

Ao dissociar o sucesso mundano e a consagração específica e ao assegurar lucros específicos ao desinteresse daqueles que se dobram a suas regras, o campo artístico (ou científico) cria as condições de constituição (ou de emergência) de um genuíno interesse pelo desinteresse (equivalente ao interesse pela generosidade nas sociedades onde a honra é um valor importante). No mundo artístico, como mundo econômico às avessas, as "loucuras" mais antieconômicas são, de certo modo, "racionais", já que o desinteresse é aí reconhecido e recompensado.

O riso dos bispos

A empresa religiosa obedece, no essencial, aos princípios que resgatei na análise da economia pré-capitalista. Como no caso da economia doméstica, da qual ela é uma forma transfigurada (com o modelo de troca fraterna), a característica paradoxal da economia da oferenda, da benemerência, do sacrifício, revela-se de modo especialmente visível no caso da Igreja católica contemporânea: de fato, essa empresa com dimensões econômicas, fundada na recusa do econômico, está mergulhada em um universo no qual, com a generalização das trocas monetárias, a procura da maximização do lucro se tornou o princípio da maior parte das práticas cotidianas, de modo que qualquer agente — religioso ou não religioso — tende a avaliar em dinheiro, ainda que implicitamente, o valor de seu trabalho e de seu tempo. Um sacristão, um coroinha, é um *homo oeconomicus* mais ou menos disfarçado; ele sabe que gasta cerca de meia hora para enfeitar o altar com flores e quanto isso vale na escala de preços de uma criada. Mas, ao mesmo tempo, adere ao jogo religioso e recusaria a analogia de seu trabalho a serviço da religião com o trabalho serviçal de um criado ou de uma criada.

Essa espécie de dupla consciência, sem dúvida comum a todos os agentes sociais que participam, ao mesmo tempo, de um universo econômico e de tal ou qual subuniverso antieconômico (podemos lembrar os militantes e todos os "generosos"), é o fundamento de uma grande lucidez (parcial), que se manifesta sobretudo em situações de crise e entre as pessoas em situações equívocas, portanto, em ruptura com as evidências mais grosseiras da *doxa*. A revista *Trait-d'union*, lançada por agentes não religiosos da Igreja, quando fundaram uma espécie de sindicato para tentar obter o reconhecimento material dos serviços religiosos que oferecem, é um notável instrumento de análise. No entanto, resgatar brutalmente a verdade "econômica" de uma conduta (dizer que a mulher que aluga cadeiras na Igreja é uma criada sem salário), é fazer uma desmistificação necessária, mas mistificadora. A objetivação torna aparente que a Igreja é também uma empresa econômica; mas arrisca a levar a esquecer que se trata de uma empresa econômica que só pode funcionar como funciona porque não é verdadeiramente uma empresa, porque *se nega* como empresa. (Do mesmo modo que a família só pode funcionar porque nega obediência à definição que dela dá o economicismo do tipo do de Gary Becker.)

Reencontramos, aqui, o problema, já abordado, colocado pela explicitação da verdade de instituições (ou de campos) cuja verdade é recusar a explicitação de sua verdade. De maneira mais simples: a explicitação leva a uma alteração destruidora quando toda a lógica do universo explicitado se apoia no tabu da explicitação. Assim, fiquei surpreendido pelo fato de que, cada vez que os bispos adotavam, a respeito da economia da Igreja, a linguagem da objetivação, falando, por exemplo, ao descrever a pastoral, do "fenômeno da oferta e da procura", eles riam. (Um exemplo: "Não somos sociedades ummm... exatamente como as outras: não produzimos nada, não vendemos nada [riso], não é mesmo?" — chancelaria da diocese de Paris.) Ou então, em outras ocasiões, eles criavam eufemismos extraordinários. O que leva a pensar que não estamos em presença de um mentiroso cínico, como pretenderia a leitura voltairiana, mas de uma defasagem entre a verdade objetiva, antes recalcada do que ignorada, e a verdade vivida das práticas e que essa verdade vivida, que oculta, para os próprios agentes, a verdade exibida pela análise, faz parte da verdade das práticas em sua definição completa. A verdade da empresa religiosa é a de ter duas verdades: a verdade econômica e a verdade religiosa, que a recusa. Logo, para descrever cada prática, como entre os cabilas, seria preciso utilizar duas palavras, sobrepostas como em um acorde musical: apostolado/*marketing*, fiéis/clientela, serviço sagrado/trabalho assalariado etc. O discurso religioso que acompanha a prática é parte integrante da economia das práticas como economia de bens simbólicos.

Essa ambiguidade é uma propriedade geral da *economia da oferenda*, na qual a troca se transfigura em oblação de si a uma espécie de entidade transcendente. Na maior parte das sociedades, não se oferecem materiais brutos à divindade, como ouro, por exemplo, e sim ouro trabalhado. O esforço de transfigurar a coisa bruta em objeto belo, em estátua, faz parte do trabalho de eufemização da relação econômica (o que explica a proibição de derreter estátuas para obter ouro). Jacques Gernet faz uma bela análise do comércio sagrado e do templo budista como uma espécie de banco, negado, que acumula recursos sagrados, dádivas e oferendas fundadas no livre consentimento e na benemerência, e ganhos profanos, como os conseguidos através de práticas usurárias e mercenárias (empréstimo de cereais, penhoras, taxas cobradas de moinhos, impostos sobre os produtos da terra etc.).[16] Esses recursos, que não são utilizados na manutenção dos religiosos ou dos

---

16. J. Gernet. *Les aspects économiques du bouddhisme dans la société chinoise des Ve et Xe siècles*. Saigon, École Française d'Extrême-Orient, 1956.

prédios, e tampouco no culto, nas festas, nas cerimônias oficiais, no serviço dos mortos etc., são acumulados no "pátio do tesouro inesgotável" e parcialmente redistribuídos sob a forma de dádiva aos pobres e aos doentes do albergue gratuito dos fiéis. O templo funciona, assim, objetivamente, como uma espécie de banco, que não pode, no entanto, ser percebido ou pensado como tal, e até sob a condição de que não seja nunca visto como tal.

A empresa religiosa é uma empresa com dimensões econômicas que não pode se confessar como tal e que funciona em uma espécie de negação permanente de sua dimensão econômica: pratico um ato econômico, mas não quero saber que o fiz; faço-o de tal modo que posso dizer a mim mesmo e aos outros que não se trata de um ato econômico — e os outros não me acreditarão a menos que eu mesmo acredite. A empresa religiosa, o negócio religioso, "não é uma empresa industrial e comercial com fins lucrativos", como relembra *Trait-d'union*[17], isto é, não é uma empresa como as outras. A questão de saber se nisso há ou não cinismo desaparece inteiramente se percebemos que isso faz parte das próprias condições de funcionamento e de êxito da empresa religiosa, que os agentes religiosos acreditam no que fazem e não aceitam a definição econômica estrita de sua ação e de sua função. Assim, quando o sindicato de agentes laicos da Igreja tentou definir as profissões que representava, enfrentou a definição implícita dessas profissões, defendidas pelos empregadores (isto é, os bispos que, evidentemente, recusam essa designação). As tarefas sagradas são irredutíveis a uma codificação puramente econômica e social: o sacristão não exerce um "ofício"; ele realiza um serviço divino. Ainda aqui a definição ideal que os dignatários da Igreja defendem faz parte da verdade da prática.

Esse duplo jogo estrutural com a definição objetiva da prática observa-se nas condutas mais corriqueiras. Assim, por exemplo,

---

17. Cf. *Trait-d'union* 20, p. 10.

perto de Saint-Sulpice existe uma empresa de peregrinações que é, de fato (isto é, objetivamente, do ponto de vista do observador, que reduz e dissipa a bruma de discursos eufemísticos), uma empresa de turismo, negada através do uso sistemático do eufemismo: uma viagem à Inglaterra será uma "descoberta do ecumenismo"; uma viagem à Palestina, um "cruzeiro com tema religioso, seguindo os passos de são Paulo"; uma viagem à Rússia, um "encontro com a ortodoxia". A transfiguração é essencialmente verbal: para poder fazer o que se faz, acreditando (se) que não se faz, é preciso dizer (se) que se faz outra coisa, diferente da que se faz, é preciso fazê-la dizendo (se) que não a estamos fazendo, como se não a fizéssemos.

Outro exemplo, os "Canteiros do Cardeal", empresa encarregada da construção dos prédios religiosos franceses: gerida por um clérigo, ela emprega grande número de agentes beneméritos, politécnicos aposentados, professores de direito etc., que oferecem seu tempo gratuitamente e um reduzido número de assalariados que se encarregam dos trabalhos miúdos, como de secretaria ou contabilidade, e que também são católicos, recrutados através da cooptação, mas de quem não se exige explicitamente que o sejam. A chancelaria, que é o ministério das finanças do episcopado, comportava (no momento da pesquisa) cerca de 60 beneméritos, sobretudo aposentados. Essa estrutura — um pequeno número de clérigos, apoiados por um pequeno número de assalariados, rodeados por um grande número de beneméritos — é típica da empresa católica. Ela é encontrada em todas elas, na imprensa com acento religioso, nas editoras etc. Além da *benemerência*, dádiva gratuita de trabalho e de serviços, encontramos aí outra propriedade central da empresa católica: ela é sempre concebida como uma *grande família*. Há um clérigo, às vezes dois, cuja cultura específica, ligada a toda uma história, coletiva e individual, consiste em saber *gerir* tanto um vocabulário, uma linguagem, como relações sociais que é preciso sempre tornar eufêmicas. Assim, o que torna católico um estabelecimento escolar, mesmo quando ele não tenha um crucifixo na parede, é que há um maestro que incorporou profundamente essa espécie de disposição católica, uma linguagem e um modo muito especial de gerir as relações entre as pessoas.

Na empresa religiosa, as relações de produção funcionam de acordo com o modelo das relações familiares: tratar os outros como irmãos é colocar entre parênteses a dimensão econômica da relação. As instituições religiosas trabalham permanentemente, tanto prática como simbolicamente, para eufemizar as relações sociais, aí incluídas as relações de exploração (como na família), transfigurando-as em relações de parentesco espiritual ou de troca religiosa, através da lógica da benemerência: da parte dos assalariados, dos agentes religiosos subalternos encarregados, por exemplo, da limpeza das igrejas ou da manutenção e decoração dos altares, há uma dádiva de trabalho, "oferenda livremente dada de dinheiro e de tempo".[18] A exploração é *mascarada*: nas discussões entre os bispos e os agentes sindicais, os primeiros constantemente jogam com a ambiguidade das tarefas sagradas; tentam fazer com que os segundos admitam que as ações consagradas são consagradoras, que os atos religiosos são um fim em si mesmos e que aquele que os realiza é gratificado pelo próprio fato de realizá-los, que estamos na ordem da finalidade sem fim.

O funcionamento da lógica da benemerência, e a exploração que ela valida, é ajudado e facilitado pela ambiguidade objetiva das tarefas sagradas: empurrar as macas de doentes em uma peregrinação é tanto um ato caridoso, com um fim em si mesmo, que merece recompensa no além, quanto um ato técnico, que pode ser feito por uma enfermeira assalariada. O cuidado dos lugares do culto é um ato técnico ou ritual (de purificação)? E a fabricação de uma efígie (penso nas entrevistas que fiz com os operários que lixam as estátuas da Virgem em Lourdes)? A função dos agentes não é menos ambígua: o sacristão prepara os ofícios religiosos e cuida dos lugares do culto;

---

18. *Ibidem.*

ele é responsável pela preparação dos batismos, dos casamentos e das cerimônias funerárias, assiste a essas diversas cerimônias e tem a guarda da paróquia. Sua atividade é um serviço ritual (ainda que ele próprio não seja consagrado). O periódico *Trait-d'union*[19] fala da "finalidade religiosa do trabalho".

Quando o pessoal laico, realizando funções *profanas* como as de telefonista, secretária ou contabilista, formula *reivindicações*, esbarra com a tendência dos clérigos de considerar as tarefas que ele executa como um privilégio, um dever sagrado. (A benemerência é, sobretudo, coisa de mulheres para quem, pelo menos em certas categorias, o equivalente do trabalho e seu valor em dinheiro não está claramente estabelecido; e o corpo sacerdotal, masculino, apoia-se nas formas estabelecidas de divisão de trabalho entre os sexos para exigir e aceitar serviços gratuitos.) Quando os sacristãos relembram que seu trabalho tem uma finalidade religiosa, mas que isso não significa que esse trabalho não mereça salário, os bispos respondem que salário é uma palavra que não tem curso nesse universo. Do mesmo modo, a um entrevistador que lhe pergunta, de modo um tanto desajeitado (as "gafes" podem ser muito reveladoras, ao romperem com as aparências), se, "para Monsenhor Untel é uma promoção ir para Aix", um membro importante do secretariado do episcopado responde: "Sim, certamente, é um pouco surpreendente, é como X, que passou de auxiliar em Nancy, que já é uma diocese grande, a bispo de Cambrai... Dito assim, é certamente verdade, mas não gostamos do termo promoção. Digamos antes reconhecimento." Outro exemplo de esclarecimento sacerdotal a respeito do salário: "Em primeiro lugar, o padre não recebe salário, essa é a primeira coisa! Creio que é importante, já que quem diz salário, diz assalariado, e o padre não é um assalariado. Entre o padre e o bispo existe um contrato, se você quiser, mas um contrato *sui generis*, um contrato de fato especial, que não é um contrato de prestação de serviços, de empregador

---

19. *Ibidem* 21, p. 1.

com empregado [...]. Mas, aqui, não se pode dizer que ele tenha um salário. Os padres não são assalariados; não podemos chamar de honorários, mas podemos falar de cuidado, se você quiser, isto é, de responsabilidade do bispo. Qual é o contrato que existe entre o padre e o bispo? O padre se comprometeu a servir a Igreja por toda a vida e, em troca, o bispo se compromete a prover suas necessidades [...]. Podemos falar de cuidado, se você quiser, no sentido amplo, mas eu diria entre aspas. Mas não de salário! Não de salário!" As aspas são um dos marcadores mais potentes da negação e da passagem à ordem da economia simbólica.

Os próprios clérigos têm também um estatuto econômico ambíguo, que desconhecem: eles são pobres, mas de uma pobreza aparente (eles recebem todo tipo de dádivas) e eletiva (seus recursos vêm sob a forma de oferendas, de dádivas, eles estão na dependência de sua clientela). Essa estrutura convém a *habitus* duplos, dotados do talento do eufemismo, de tornar ambíguas as práticas e os discursos, do sentido duplo sem jogo duplo. O diretor da região parisiense para as peregrinações fala de "animação espiritual" a respeito de Lourdes. Quando fala de "clientela", ele ri como se fosse um nome feio. A linguagem religiosa funciona permanentemente como instrumento de eufemização. Basta deixá-la funcionar, basta deixar que funcionem os automatismos inscritos nos *habitus* religiosos, de que ela é uma dimensão essencial. Essa duplicidade estrutural, que leva a estratégias de duplo efeito — permitindo acumular o ganho religioso e o ganho econômico — e de linguagem dúplice, poderia ser uma das invariantes do personagem do representante (padre, delegado, homem político) de uma Igreja ou de um partido.

Tratamos assim de empresas (escolares, médicas, caritativas etc.) que, funcionando segundo a lógica da benemerência e da oferenda, levam uma considerável vantagem na competição econômica (entre essas vantagens, o efeito de rotulação: o adjetivo cristão possui o valor de uma garantia de moral quase doméstica).

Mas essas empresas objetivamente econômicas só podem beneficiar-se dessas vantagens desde que sejam continuamente reproduzidas as condições de *desconhecimento* de sua dimensão econômica, isto é, enquanto os agentes continuem a crer, e a fazer crer, que suas ações não têm nenhuma incidência econômica.

Percebemos o quanto é essencial, do ponto de vista metodológico, evitar dissociar as funções econômicas e as funções religiosas, isto é, a dimensão propriamente econômica da prática e da simbolização que torna possível a realização das funções econômicas. O discurso não é algo mais (como se tende a fazer crer quando se fala de "ideologia"); ele faz parte da própria economia. E, se quisermos ser justos, é preciso levá-lo em conta, e a todo o esforço aparentemente desperdiçado em um trabalho de eufemização: o trabalho religioso implica um gasto considerável de energia destinada a converter a atividade da dimensão econômica em tarefa sagrada; é preciso aceitar a perda de tempo, o esforço, até o sofrimento, para crer (e fazer crer) que se faz uma coisa diferente daquela que se faz. Há desperdício, mas a lei da conservação de energia permanece válida, porque o que se perde é recuperado em outro lugar.

O que é válido no nível dos leigos, é válido no enésimo grau no nível dos clérigos, que sempre estão na lógica da *self-deception*. Mas falar de *self-deception* pode levar a crer que cada agente é o único responsável por sua mentira a si mesmo. De fato, o trabalho de *self-deception* é um trabalho coletivo, mantido por todo um conjunto de instituições sociais de assistência, das quais a primeira e mais poderosa é a linguagem, que não é apenas meio de expressão, mas também princípio de estruturação, funcionando com o apoio de um grupo que aí se reconhece: a má-fé coletiva está inscrita na objetividade da linguagem (especialmente nos eufemismos, nas fórmulas rituais, nos termos de chamamento — "pai", "irmã" etc. — e de referência), da liturgia, da tecnologia social da gestão católica das trocas e das relações sociais (por exemplo, todas as tradições organizacionais), e também nos corpos, nos *habitus*, nas maneiras de ser, de falar etc.; ela é reforçada permanentemente pela lógica da economia dos bens simbólicos que encoraja e recompensa essa duplicidade estrutural. Por exemplo, a lógica da relação "fraterna" está inscrita em disposições socialmente instituídas, mas também na tradição, nos lugares: há toda uma série de revistas que se chamam *Diálogo* ou fazem o chamamento para o "diálogo", há profissionais do diálogo, que podem dialogar com as pessoas mais diferentes, penetrando em linguagens as mais diversas, há lugares de encontro etc.

Por último, já esbocei antes[20] a análise da economia dos bens públicos e do campo burocrático, do Estado, como um dos lugares de recusa da economia. (Entre parênteses, é importante saber que a Igreja durante muito tempo preencheu funções quase estatais de interesse geral, de serviço público; que ela efetuou a primeira *concentração de capital público* destinado a fins públicos — educação, cuidado dos doentes, dos órfãos etc. O que explica que tenha entrado em competição violenta com o Estado no momento em que o Estado "social" se constituía, no decorrer do século XIX.) A ordem do "público", da "coisa pública", constitui-se historicamente através da emergência de um campo no qual se tornam possíveis, são encorajados, conhecidos, reconhecidos e recompensados os atos de interesse geral, de serviço público. Permanece o fato de que o campo burocrático nunca teve êxito em obter de seus agentes um devotamento tão completo como o que obtém a família (ou até a Igreja) e que o serviço dos interesses do Estado sempre compete com o serviço dos interesses pessoais ou familiares. O direito público deve relembrar que "a administração não dá presentes". E, de fato, uma ação administrativa que beneficie de modo individualizado uma pessoa privada é suspeita, ou seja, ilícita.

---

20. Cf. pp. 123 e 155.

Resta-me apresentar os princípios da lógica que os diferentes universos que evoquei rapidamente têm em comum.

A economia dos bens simbólicos apoia-se no recalque ou na censura do interesse econômico (no sentido restrito do termo). Consequentemente, a verdade econômica, isto é, o preço, deve ser escondida, ativa ou passivamente, ou deixada vaga. A economia dos bens simbólicos é uma economia fluida e indeterminada. Ela se apoia no tabu da explicitação (tabu que, por definição, a análise enfrenta, expondo-se assim a mostrar como calculistas e interessadas práticas que se definem contra o cálculo e o interesse).

Dado esse recalcamento, as estratégias e as práticas características da economia de bens simbólicos são sempre ambíguas, com dupla face, e até aparentemente contraditórias (por exemplo, os bens aí têm um preço e são "sem preço"). Essa dualidade de verdades mutuamente exclusivas, tanto nas práticas como nos discursos (eufemismo), não deve ser vista como duplicidade, hipocrisia, mas como negação, assegurando (através de uma espécie de *Aufhebung*) a coexistência de opostos (da qual podemos tentar dar conta através da metáfora do acorde musical: apostolado/*marketing*, fiéis/clientes, culto/trabalho, produção/criação etc.).

O trabalho de negação, de recalque, só pode ter êxito porque é coletivo e está fundamentado na orquestração dos *habitus* daqueles que o põem em prática ou, em termos mais simples, em um acordo não intencionalmente firmado ou concluído entre as disposições dos agentes direta ou indiretamente interessados. A economia das trocas simbólicas não se apoia na lógica da ação racional ou do *common knowledge* (sei que tu sabes que sei que retribuirás), que leva a julgar as ações mais características dessa economia como contraditórias ou impossíveis, mas no *desconhecimento compartilhado* (sou feito de tal modo, de tal modo disposto, que sei e não quero saber que tu sabes e não quero saber que sei, nem quero saber que retribuirás a dádiva). O trabalho coletivo de recalque só é possível se os agentes são dotados das mesmas categorias de percepção e de avaliação: para que a relação de dupla face entre o irmão mais velho e o mais moço possa funcionar de maneira duradoura, é preciso que, como na sociedade bearnesa de antanho, estejam presentes a submissão do irmão mais moço, seu devotamento aos interesses da linhagem — o "espírito de família" — e a generosidade e a delicadeza do irmão mais velho, fundamento das atenções e dos cuidados em relação a seu irmão e, dentre todos os outros, na família ou fora dela, de disposições semelhantes, que fazem com que as condutas adequadas sejam aprovadas e recompensadas simbolicamente.

Essas disposições comuns, e a *doxa* compartilhada que elas fundamentam, são produto de uma socialização idêntica ou semelhante, que leva à incorporação generalizada das estruturas do mercado de bens simbólicos sob a forma de estruturas cognitivas em consonância com as estruturas objetivas desse mercado. A violência simbólica apoia-se na consonância entre as estruturas constitutivas do *habitus* dos dominados e a estrutura da relação de dominação à qual eles (ou elas) se aplicam: o dominado percebe o dominante através de categorias que a relação de dominação produziu e que, assim, estão de acordo com os interesses do dominante.

Dado que a economia dos bens simbólicos apoia-se na crença, a reprodução ou a crise dessa economia baseiam-se na reprodução ou na crise da crença, isto é, na perpetuação ou na ruptura do acordo entre as estruturas mentais (categorias de percepção e de avaliação, sistemas de preferência) e as estruturas objetivas. Mas a ruptura não pode resultar apenas de uma simples tomada de consciência; a transformação das disposições não pode ocorrer sem uma transformação anterior ou concomitante das estruturas objetivas das quais elas são o produto e às quais podem sobreviver.

APÊNDICE
SOBRE A ECONOMIA DA IGREJA

Para começar, a imagem explícita: uma instituição encarregada de assegurar a cura das almas. Ou, em um nível superior de objetivação, com Max Weber: um corpo (sacerdotal) que detém o monopólio da manipulação legítima dos bens da saúde; e, nessa qualidade, é investido de um poder propriamente espiritual, exercido *ex officio*, baseado em uma transação permanente com as tentativas laicas: a Igreja apoia-se em princípios de visão (disposições constitutivas da "crença"), que em parte constituiu para orientar as representações ou as práticas que reforçam ou transformam esses princípios. E isso em favor de sua autonomia relativa em relação à demanda dos laicos.

Mas a Igreja é também uma empresa de dimensões econômicas, capaz de assegurar sua própria continuidade, apoiando-se em vários tipos de recursos. Aqui, ainda uma imagem aparente, oficial: a Igreja vive de oferendas ou de contraprestações de seu serviço religioso (o ganho do culto) e dos rendimentos de seus bens (os bens da Igreja). A realidade é bem mais complexa: o poder temporal da Igreja repousa também sobre o controle de *cargos* que podem dever sua existência à simples lógica econômica (quando vinculados a empreendimentos econômicos propriamente religiosos, como as peregrinações, ou com dimensão religiosa, como as empresas da imprensa católica) ou *à ajuda do Estado*, como os cargos de ensino.

Os "maiores interessados" ignoram eles próprios as verdadeiras bases econômicas da Igreja, como testemunha esta declaração típica: "Já que o Estado não dá nada à Igreja, são os fiéis que a fazem viva através de suas oferendas."[21] A transformação profunda

---

21. *Radioscopie de l'Église en France, 1980, les 30 dossiers du service d'information de l'épiscopat pour le voyage de Jean-Paul II*. Paris, Bayard Presse, 1980, p. 27.

das bases econômicas da Igreja exprime-se no fato de que os responsáveis pela instituição possam explicitar as posses materiais da Igreja, tanto mais negadas ou dissimuladas outrora porque eram o alvo principal da crítica anticlerical.

Em consequência dessa transformação, e para avaliar a empresa Igreja, podemos substituir a pesquisa sobre os praticantes e a intensidade de sua prática, tal como a feita pelo cônego Boulard, por um levantamento dos cargos que têm sua razão de ser na existência da Igreja e da crença cristã, e que desapareceriam se uma e outra também desaparecessem (o que vale tanto para as indústrias de velas, de rosários ou de imagens religiosas, quanto para os estabelecimentos religiosos de ensino ou a imprensa confessional). Essa segunda avaliação é muito mais adequada: de fato, tudo parece indicar que estamos indo na direção de uma *Igreja sem fiéis*, que tira sua força (inseparavelmente política e religiosa ou, como diz a linguagem dos clérigos, "apostólica") do conjunto de cargos de que ela dispõe.

A mudança dos fundamentos econômicos da existência da Igreja, que se operou pouco a pouco, faz com que a transação puramente simbólica com os laicos (e o poder simbólico exercido pela prédica e pela cura das almas) seja relegada a segundo plano em proveito da transação com o Estado, que assegura as bases do poder temporal que a Igreja exerce, através dos cargos financiados pelo Estado, sobre os agentes que devem ser cristãos (católicos) para ocupar os cargos que ela controla.

O monopólio que detém sobre um conjunto de cargos (o de professor em uma escola católica, mas também o de limpador de uma piscina ligada a um estabelecimento religioso, o de administrador de um asilo religioso etc.) que, sem que a pertinência ou a prática religiosa sejam explicitamente exigidas, cabem prioritariamente aos membros da comunidade católica e estimulam aqueles que os ocupam, ou aqueles que os postulam, a perpetuar-se como católicos, assegura à Igreja o senhorio de uma espécie de *clientela de Estado* e, assim, de uma renda de lucros materiais e, em qualquer caso, simbólicos (e isso sem que ela tenha necessidade de assegurar a propriedade direta dos estabelecimentos com dimensão econômica correspondente). Daí vem sua aparência mais de acordo com a imagem de desinteresse e de humildade, adequada a sua vocação declarada. Por uma espécie de inversão dos fins e dos meios, a defesa do ensino privado aparece como uma defesa dos meios indispensáveis para o cumprimento da função espiritual (pastoral, apostólica) da Igreja, enquanto objetiva, em primeiro lugar, assegurar à Igreja os cargos, as posições "católicas" que são a condição principal de sua continuidade e da qual as atividades de ensino são a justificação.[22]

---

22. A comparação, frequente, entre a Igreja e os partidos (especialmente o partido comunista), encontra seu fundamento nessa homologia estrutural e funcional. Como a Igreja, o partido deve manter seu controle sobre as posições que ocupa (nas diferentes assembleias representativas, nos municípios e em todas as organizações militantes, esportivas, educativas etc.) para poder manter seu controle sobre aqueles que os ocupam.

7
O PONTO DE VISTA ESCOLÁSTICO

Tentarei agrupar minhas reações às observações que me foram dirigidas em torno de três temas.[1] Gostaria de analisar, em primeiro lugar, o que, retomando uma expressão de Austin, chamaria de *scholastic view*, o ponto de vista da *skholé*, e colocar a questão sobre o que nosso modo de pensar deve ao fato de ser produzido em um espaço acadêmico.

Tentarei, em seguida, oferecer algumas indicações sobre o problema específico que a compreensão das práticas coloca e que faz com que as ciências humanas tenham uma tarefa tão difícil.

Por último, gostaria de colocar o problema das relações entre razão e história: a sociologia, que aparentemente destrói os fundamentos da razão e, portanto, seus próprios fundamentos, não será capaz de fundar um discurso racional e até de oferecer técnicas que permitam propor uma política da razão, uma *Realpolitik* da razão?

---

1. Este texto é a transcrição da comunicação final apresentada no colóquio *Geschmack, Strategien, praktiker Sinn*, realizado na Universidade Livre, em Berlim, nos dias 23 e 24 de outubro de 1989.

199

Jogar a sério

"*Scholastic view*" é uma expressão que Austin emprega de passagem em *Sense and sensibilia* e da qual dá um exemplo: a utilização específica da linguagem que, ao invés de apreender ou usar o sentido de uma palavra que seja imediatamente compatível com a situação, recenseia e examina todos os sentidos possíveis dessa palavra, fora de qualquer referência à situação. Esse exemplo, significativo, encerra o essencial do que seja *scholastic view*. Trata-se de um ponto de vista muito específico sobre o mundo social, sobre a linguagem ou sobre qualquer objeto do pensamento, que se tornou possível graças à situação de *skholé*, de lazer, da qual a escola — palavra também derivada de *skholé* — é uma forma especial, como situação institucionalizada de lazer estudioso. A adoção desse ponto de vista escolástico é o preço de entrada tacitamente exigido por todos os campos do saber: a disposição "neutralizante" (no sentido de Husserl), que implica suspender qualquer tese sobre a existência e qualquer intenção prática, é a condição — pelo menos igual à posse de uma competência específica — de acesso ao museu e à obra de arte. É também a condição do exercício escolar como jogo gratuito, experiência mental, que é um fim em si mesmo.

É preciso levar a sério as reflexões de Platão a respeito da *skholé* e também sua famosa expressão, frequentemente comentada, *spoudaiôs paizein*, "jogar a sério". O ponto de vista escolástico é inseparável da situação escolástica, situação socialmente instituída na qual se pode desafiar ou ignorar a alternativa corriqueira entre jogar (*paizein*), brincar e ser sério (*spoudazein*) jogando a sério e levando a sério as coisas lúdicas, ocupando-se seriamente de problemas que as pessoas sérias, e realmente ocupadas, ignoram — ativa ou passivamente. O *homo scholasticus*, ou *academicus*, é alguém que pode jogar a sério, porque seu estado (ou o Estado) lhe assegura todos os meios de fazê-lo, isto é, o tempo livre, liberado das urgências da vida; a competência, assegurada por um aprendizado específico com base na *skholé*; e, por último e de maneira especial, a disposição (entendida como aptidão e inclinação) a investir, a envolver-se nas relações fúteis, pelo menos aos olhos das pessoas sérias, engendradas nos mundos escolásticos (pessoas sérias como Calicles que, depois de ter perguntado a Sócrates se este brincava ou falava a sério, levou-o a observar que os jogos sérios da filosofia fazem com que aqueles que, como ele, a eles se dedicam bem além da uventude, corram o risco de se apartar de tudo o que as pessoas sérias levam a sério).

Para penetrar verdadeiramente nesses universos onde são produzidos pensamentos ou propostas livres das limitações e dos limites de uma conuntura histórica (*context free*), é preciso dispor de tempo, de *skholé* e ter também essa disposição de jogar os jogos gratuitos que são aprendidos e reforçados na situação de *skholé*, como a inclinação e a aptidão para colocar problemas especulativos pelo prazer de resolvê-los, e não porque eles são colocados, frequentemente com urgência, pelas necessidades da vida, para tratar a linguagem não como instrumento, mas como objeto de contemplação, de deleite ou de análise etc.

Assim, o que os filósofos, os sociólogos e todos aqueles cujo ofício é pensar o mundo, têm maior probabilidade de ignorar são os pressupostos inscritos no ponto de vista escolástico, o que, para acordar os filósofos de seu sono escolástico, eu chamaria, por uma associação de palavras, de *doxa epistêmica*: os pensadores deixam em estado impensado (*doxa*) os pressupostos de seu pensamento, isto é, as condições sociais de possibilidade do ponto de vista escolástico, e as disposições inconscientes, geradoras de teses inconscientes, adquiridas por uma experiência escolar, ou escolástica, frequentemente inscrita no prolongamento de uma experiência originária (burguesa) de distância do mundo e das urgências da necessidade.

201

Diferentemente do advogado de Platão, ou do médico de Aaron Cicourel[2], nós temos tempo, todo nosso tempo, e essa liberdade em relação à urgência — que tem sempre alguma relação com a necessidade econômica, dada a conversibilidade de tempo em dinheiro — tornou-se possível, graças a um conunto de condições econômicas e sociais, pela existência dessas reservas de tempo livre que são os recursos econômicos acumulados (a primeira acumulação de capital político aparece, de acordo com Weber, com o notável, quando ele dispõe de recursos suficientes para poder abandonar por um momento a atividade da qual tira sua subsistência, ou de colocar alguém em seu lugar).

Por que é necessário relembrar as condições econômicas e sociais da postura escolástica? Não se trata de denunciar e de culpar pelo prazer de fazê-lo, se posso me exprimir assim, sem tirar qualquer consequência da constatação. A lógica na qual me coloco não é a da condenação ou da denúncia política, e sim a da interrogação epistemológica: interrogação epistemológica fundamental, porque dirigida à própria postura epistêmica, aos pressupostos inscritos no fato de retirar-se do mundo e da ação no mundo para pensá-los. Trata-se de saber no que essa retirada, essa abstração, essa fuga, afetam o pensamento que tornam possível e, por essa via, o próprio conteúdo do que pensamos.

Assim, por exemplo, se é verdade que tudo o que se produz nos campos de produção cultural tem como condição de possibilidade essa espécie de suspensão das finalidades externas (o que se vê bem nos usos da linguagem, especialmente os linguísticos, nos quais nos utilizamos da linguagem não para fazer alguma coisa, mas para nos interrogar sobre a linguagem), se é verdade que estamos em um universo que é o da gratuidade, da finalidade sem fim, não seria compreensível que compreendamos tão mal a estética? Que — como tentei dizer ontem, em resposta a Jules

---

2. Aaron V. Cicourel, "Habitus and the development of emergence of practical reasoning", apresentado no mesmo colóquio.

Vuillemin[3] — existam questões que não colocamos à estética porque as condições sociais de possibilidade de nossa reflexão são também as da postura estética, porque nos esquecemos de pôr em questão todos os pressupostos estéticos não téticos de todas as teses estéticas...

A teoria do ponto de vista teórico

Alguém pode perguntar por que, sendo sociólogo, passo aqui por filósofo: evidentemente, em parte, como homenagem a meus amigos filósofos que vieram discutir meu trabalho. Mas, também, porque sou *obrigado* a isso. Creio que isso faz parte do trabalho científico de colocar questões sobre a própria natureza do olhar científico. Essas questões impuseram-se, para além de qualquer intenção de pura especulação, em uma série de situações de pesquisa nas quais precisei refletir sobre o modo de conhecimento do saber para compreender minhas estratégias e meu material. Ficou claro que, na medida em que implica um modo de pensamento que supõe a suspensão da necessidade prática e se utiliza de instrumentos de pensamento construídos contra a lógica da prática, como a teoria dos jogos, a teoria das probabilidades etc., a visão escolástica expõe-se pura e simplesmente a destruir seu objeto ou a engendrar artefatos puros quando se aplica, sem reflexão crítica, a práticas que são o produto de uma outra visão. O sábio que não sabe o que o define como sábio, isto é, o "ponto de vista escolástico", se expõe a colocar na cabeça dos agentes *sua* própria visão escolástica; a imputar a seu objeto o que pertence ao modo de apreendê-lo, ao modo do conhecimento.

Esse erro epistemocêntrico é muito comum: está presente, por exemplo, em Chomsky, que age como se os locutores fossem

---

3. Jules Vuillemin, "Réflexion sur raison et ugement de goût", apresentado no mesmo colóquio.

gramáticos. A gramática é um produto típico do ponto de vista escolástico. Poderíamos dizer, apoiando-nos em Vygotsky, que a *skholé* é que permite a passagem da compreensão primária da linguagem para uma compreensão secundária; permite aceder ao metadiscurso sobre a prática do discurso. O paralogismo escolástico, *scholastic fallacy*, consiste em colocar o metadiscurso como princípio dos discursos, a metaprática como princípio das práticas. É o que faz Chomsky, e também Lévi-Strauss, jogando com os diferentes sentidos da palavra *regra*, que Wittgenstein nos ensinou a distinguir.

Se, estudando o parentesco, em Béarn ou na Cabília, fui levado a pensar as práticas matrimoniais como orientadas por estratégias mais do que guiadas ou dirigidas por regras, não foi em nome de uma espécie de pundonor filosófico, mas para melhor dar razão às práticas — nisso audado por análises teóricas como as de Wittgenstein, que evoquei há pouco. Falar mais de estratégias do que de regras, é construir o objeto de outro modo, logo, interrogar os informantes de outros modos e analisar de outro modo suas práticas. Por exemplo, em vez de me contentar em registrar, através de genealogias, as alianças caracterizadas apenas pela relação de parentesco entre os cônuges, precisei recolher, para cada casamento, todas as informações — e elas são muitas — que os agentes puderam levar em conta, consciente ou inconscientemente, em suas estratégias — diferença de idade entre os cônuges, diferença de "fortuna" material ou simbólica entre as duas famílias etc.

Mas, para operar essa conversão radical do olhar, é preciso ter um ponto de vista teórico sobre o ponto de vista teórico, e tirar todas as consequências teóricas e metodológicas do fato de que o etnólogo não está, diante das condutas que observa e analisa, na posição de um agente atuante, engajado na ação, envolvido nos jogos e no que está em jogo, que ele não é, diante de tal ou qual casamento registrado em suas genealogias, como um pai de família que quer casar, e casar bem, sua filha. Ele suspende (sem sabê-lo) todos os interesses e todas as relações práticas. No caso do etnólogo, isso é muito evidente: a situação de estrangeiro é suficiente para colocá-lo fora do jogo e situá-lo em um ponto de vista quase teórico, o de expectador exterior à representação. Para o sociólogo, isso é menos evidente, e ele pode esquecer a diferença que separa o interesse que pode ter no sistema escolar como pesquisador que, querendo simplesmente entender, dirige um olhar "puro" sobre o funcionamento dos mecanismos de eliminação diferenciada de acordo com o capital cultural herdado, e o interesse que ele tem no mesmo sistema quando age como pai de família preocupado com o porvir de seus filhos. As noções de estratégia matrimonial ou de interesse (por exemplo, o interesse em maximizar os proveitos materiais ou simbólicos trazidos pelo casamento) impõem-se imediatamente ao espírito quando nos pensamos como agentes atuantes em universos nos quais o essencial dos processos de acumulação ou de dilapidação do capital econômico e simbólico passa pelas trocas matrimoniais.

O mesmo vale para o mito ou o rito, de certo modo, *a fortiori*. É sob a condição de submeter à crítica teórica o ponto de vista teórico como ponto de vista não prático, fundado na neutralização dos interesses e das relações práticas, que podemos ter alguma probabilidade de apreender sua lógica específica. A ação ritual, que a antropologia estrutural situa no polo da álgebra, é na realidade uma ginástica, ou uma dança (giramos da direita para a esquerda, ou da esquerda para a direita, avançamos com o ombro esquerdo ou com o ombro direito), que obedece a uma lógica prática, isto é, coerente, mas apenas até certo ponto (além do qual ela deixará de ser "prática"), e orientada por objetivos práticos, isto é, na direção da realização de vontades, de desejos (de vida ou de morte) etc.

Ainda aí, a conversão teórica possibilitada pela reflexão teórica sobre o ponto de vista teórico e sobre o ponto de vista prático, portanto, sobre a diferença essencial que os separa, não é puramente especulativa: ela é acompanhada de uma mudança profunda nas operações práticas da pesquisa e obtém proveitos científicos bem palpáveis. Somos levados a nos interessar, por exemplo, pelos traços da prática ritual que a lógica estruturalista levaria a descartar ou a tratar como malogros, insignificâncias, da álgebra mítica: as ambiguidades, as realidades polissêmicas, subdeterminadas ou indeterminadas, sem falar das contradições parciais, e do que é fluido, que permeia todo o sistema, e que faz sua flexibilidade, sua abertura, em resumo, tudo pelo qual ele é "prático", predisposto, portanto, a responder com o menor custo (especialmente na pesquisa lógica) às urgências da existência e da prática.

Seria preciso prolongar essa análise e cercar todos os erros *científicos* que, tanto na sociologia como na etnologia, decorrem da *scholastic fallacy*, como, por exemplo, o fato de pedir aos entrevistados — por não se ter questionado o questionário, ou melhor, a situação do questionador, que tem o lazer ou o privilégio de desvencilhar-se das evidências da *doxa* para se colocar questões — que sejam seus próprios sociólogos (com todas as perguntas do tipo: Quantas você acha que são as classes sociais?); ou, pior, o fato de colocar para os entrevistados questões às quais eles podem sempre responder com sim ou não, mas que eles não se colocam e não poderiam se colocar (quer dizer, produzir realmente por eles mesmos) a não ser que estivessem dispostos e preparados por suas condições de existência a adotar um "ponto de vista escolástico" sobre o mundo social (como todas as questões de teoria política) e sobre sua própria prática. Seria também preciso distinguir todos os efeitos despercebidos provocados pela simples utilização de instrumentos de pensamento que, indissociáveis da "situação escolástica", como os modos de registro, de escrita, transcrição etc., ou os instrumentos de "modelagem", genealogias, esquemas, tabelas etc., reproduzem, em seu funcionamento, os pressupostos inscritos nas condições sociais de sua construção, como colocar entre parênteses o tempo, a urgência temporal, ou a lógica da gratuidade, da neutralização dos objetivos práticos.

Em resumo, parodiando um título famoso de Ryle, diria que a ignorância de tudo o que está envolvido no "ponto de vista escolástico" leva ao erro epistemológico mais grave em matéria de ciências humanas, o que consiste em colocar um "sábio na máquina"; a ver todos os agentes sociais à imagem do sábio (do sábio raciocinando sobre as práticas e não do sábio atuante); ou, mais exatamente, a colocar os modelos, que o sábio deve construir para explicar o sentido das práticas, na consciência dos agentes; fazendo como se as construções que o sábio deve produzir para entender as práticas, para explicá-las, fossem o princípio determinante das práticas. O calculador racional, que os defensores da *rational action theory* colocam na origem das condutas humanas não é menos absurdo — ainda que isso nos choque menos, talvez porque lisonjeie nosso "pundonor espiritualista"— que o *angelus rector*, piloto vigilante ao qual alguns pensadores pré-newtonianos atribuíam o movimento regulado dos planetas.

"Colocar um sábio na máquina" é, portanto, expor-se a cair, de modo quase indiferente, no intelectualismo finalista (do qual acabo de dar alguns exemplos), ou no mecanicismo, ou, como entre os mais inconsequentes, a oscilar permanentemente entre um e outro. De fato, se tivesse tempo, poderia mostrar que uma teoria usta da prática escapa a essas palinódias, ao fazer desaparecer a própria alternativa que elas dissimulam e que Jacques Bouveresse[4] evocou: a da explicação pelas causas e a da explicação racional, por intenções. Limitar-me-ei a um exemplo. A expressão "*noblesse oblige*", em sua aparente obscuridade, fala bem da lógica específica da *disposição*: o *habitus* do nobre dirige (no duplo sentido) suas práticas e seus pensamentos à maneira de uma força ("é mais forte do que eu"), mas sem constrangê-lo mecanicamente; ele também

---

4. Jacques Bouveresse, "La force de la règle", apresentado no mesmo colóquio.

guia sua ação à maneira de uma necessidade lógica ("não há nada mais a fazer", "não posso agir de outro modo"), mas sem se impor a ele como se aplicasse uma regra ou se submetesse ao veredito de uma espécie de cálculo racional. O que me leva a pensar que, para compreender a lógica específica das práticas cujo princípio é a disposição, é preciso abandonar a distinção canônica entre a explicação pelas causas e a explicação racional.

O privilégio do universal

Assim, quando utilizamos, sem pensar nisso, nosso modo familiar de pensar, fazemos com que nosso objeto sofra uma alteração fundamental, com boas probabilidades de passar despercebida, e que pode levar a sua *destruição* pura e simples. O mesmo ocorre quando aplicamos, para além de suas condições de validade, históricas (anacronismo) ou sociais (etnocentrismo de classe), conceitos que, como diz Kant, parecem "ter pretensão de validade universal" porque são produzidos em condições específicas cuja especificidade nos escapa. Como não ver — para ser mais kantiano do que Kant e do que nosso amigo Jules Vuillemin — que o jogo desinteressado da sensibilidade, o exercício puro da faculdade de sentir, em resumo, o uso dito transcendental da sensibilidade, supõe *condições históricas e sociais de possibilidade* e que o prazer estético, esse prazer puro que "deve poder ser experimentado por todos os homens", é privilégio daqueles que têm acesso às condições nas quais a disposição "pura" pode se constituir de maneira duradoura?

O que fazemos, por exemplo, quando falamos de "estética popular", ou quando queremos, por toda força, atribuir ao "povo", que não se interessa por isso, uma "cultura popular"? Tendo nos omitido de fazer a *épochè* das condições sociais da *épochè* dos interesses práticos que utilizamos quando fazemos um ulgamento estético puro, pura e simplesmente universalizamos o caso particular no qual estamos situados ou, para falar de maneira mais rude, atribuímos, de modo inconsciente e *inteiramente teórico*, a todos os homens (e especialmente ao velho camponês, evocado por Jules Vuillemin, capaz de apreciar, como nós, a beleza de uma paisagem, ou aos criadores de música *rap*, com a qual se encantam alguns estetas), o privilégio econômico e social que é condição do ponto de vista estético puro.

A maior parte das obras humanas que temos o hábito de considerar como universais — o direito, a ciência, a arte, a moral, a religião etc. — são indissociáveis do ponto de vista escolástico e das condições econômicas e sociais que as tornaram possíveis e que não têm nada de universal. Elas são engendradas nesses universos sociais muito específicos que são os campos de produção cultural (campo urídico, campo científico, campo artístico, campo filosófico etc.) e nos quais estão engajados agentes que têm em comum o *privilégio* de lutar pelo monopólio do universal, contribuindo assim para levar avante, aos poucos, verdades e valores tidos, em cada momento, como universais, isto é, eternos.

Estou pronto a admitir que a estética de Kant seja verdadeira, mas apenas a título de fenomenologia da experiência estética de todos os homens e mulheres que são produto da *skholé*. Vale dizer que a experiência do belo, da qual Kant nos oferece uma descrição rigorosa, tem condições econômicas e sociais de possibilidade, ignoradas por Kant, e que a possibilidade antropológica cuja análise Kant esboça só poderia se tornar *realmente* universal se essas condições econômicas e sociais fossem universalmente distribuídas. A condição de universalização real dessa possibilidade (teórica) universal é, portanto, a universalização real das condições econômicas e sociais, isto é, da *skholé*, cuja monopolização por alguns confere a esses *happy few* o monopólio do universal.

Para ir até o fim, e correndo o risco de parecer pesado — mas, nesses assuntos, é tão fácil ser leve... — direi que o *datum* do qual parte a reflexão sociológica não é a capacidade universal de apreender a beleza, mas o sentimento de incompreensão ou de indiferença experimentado, diante de certos objetos consagrados como belos, por aqueles desprovidos da disposição e da competência estéticas. A evocação das condições sociais de possibilidade desse ulgamento que tem pretensões de validade universal leva a limitar suas pretensões de universalidade e, do mesmo modo, as da análise kantiana: podemos atribuir à *Crítica da faculdade de ulgar* uma validade limitada como análise fenomenológica da experiência vivida de alguns homens educados de algumas sociedades históricas (experiência cuja gênese poderíamos descrever precisamente). Mas direi também que a *universalização inconsciente do caso específico* que ela produz (ignorando suas próprias condições sociais de possibilidade e, para ser kantiano até o fim, seus próprios *limites*) tem como efeito constituir uma experiência *específica* da obra de arte (ou do mundo, com a ideia do "belo natural") em *norma universal* de qualquer experiência "estética" possível, portanto, de *legitimar* tacitamente uma forma específica de experiência e, assim, aqueles que têm o privilégio de chegar a ela.

O que vale para a experiência estética pura, vale para todas as possibilidades antropológicas que nada nos impede de pensar como (potencialmente) universais, como a aptidão de fazer um raciocínio lógico complexo ou a capacidade de realizar um ato moral perfeitamente rigoroso. Entretanto, essas aptidões ou essas capacidades permanecem privilégio de alguns, porque suas potencialidades antropológicas só encontram plena realização em certas condições econômicas e sociais; ao passo que, ao inverso, há condições econômicas e sociais nas quais elas são como que anuladas, atrofiadas.

Vale dizer que não se pode, ao mesmo tempo, enunciar (ou denunciar) as condições desumanas de existência dos proletários ou subproletários, especialmente nos guetos, nos Estados Unidos ou em outros lugares, e atribuir àqueles que aí estão condições de plena realização das potencialidades humanas, particularmente das disposições gratuitas e desinteressadas que, tácita ou explicitamente, inscrevemos em noções como as de "cultura" ou de "estética".

O desejo, louvável, de *reabilitar* (que sem dúvida me inspirava quando, há algum tempo, tentei mostrar que as fotografias que as classes populares produzem obedecem a princípios tácitos e têm, assim, sua razão de ser, sua necessidade própria — o que não autoriza a falar em estética), não é, em si, uma garantia de compreensão, e pode mesmo falhar inteiramente em seu objetivo.

Entendo bem, por exemplo, que Labov queira mostrar que a linguagem dos guetos negros pode expressar verdades teológicas tão refinadas quanto os discursos sabiamente eufemísticos dos estudantes de Harvard; mas permanece o fato de que a linguagem mais embaçada dos últimos abre todas as portas, especialmente as de Harvard, ao passo que as invenções linguísticas mais surpreendentes dos primeiros continuam totalmente sem valor no mercado escolar e em todas as situações sociais do mesmo tipo.

Mas acredito que há maneiras, definitivamente muito confortáveis, de respeitar o povo, que acabam por encerrá-lo no que ele é, por *aniquilá-lo*, poderíamos dizer, convertendo a privação em escolha eletiva ou em realização última. O culto da cultura popular (cujo paradigma histórico é o *Proletkult*) é uma espécie de essencialismo do mesmo tipo que o racismo de classe que reduz as práticas populares à barbárie — e do qual, frequentemente, ele é apenas uma *inversão*, falsamente radical: ele busca, de fato, os ganhos da subversão ostentatória, do *radical chic*, deixando as coisas como estão, uns com sua cultura realmente cultivada, capazes de absorver seu próprio questionamento, e os outros com sua cultura decisiva e ficticiamente reabilitada. O esteticismo populista é ainda um dos efeitos, sem dúvida dos mais inesperados, do *scholastic bias,* já que realiza uma universalização tácita do ponto de vista escolástico que não é, de modo nenhum, acompanhada pela vontade de universalizar as condições de possibilidade desse ponto de vista.

É preciso, assim, admitir que, se tudo leva a crer que certas disposições fundamentais em relação ao mundo, certas formas elementares de construção (estética, científica etc.) da realidade, do *worldmaking*, constituem possibilidades antropológicas universais, essas potencialidades não encontram sua realização a não ser sob certas condições, e que essas condições, a começar pela *skholé*, como distância da necessidade e da urgência e, particularmente, a *skholé* escolar, e todo o produto acumulado da *skholé* anterior, cuja conservação e transmissão ela permite, são distribuídas de modo muito desigual entre as civilizações, desde as ilhas Trobriand até as sociedades mais avançadas de hoje e, no próprio interior dessas sociedades, de acordo com as posições no espaço social. Essas são coisas muito simples, mas fundamentais, e não deixa de ter utilidade relembrá-las, sobretudo em situação escolástica, isto é, entre pessoas prontas a comungar no esquecimento dos pressupostos inscritos em seu privilégio comum. Constatação simples, que leva a um programa ético ou político, ele próprio muito simples: não se pode escapar da alternativa entre o populismo e o conservadorismo, duas formas de essencialismo que tendem a consagrar o *status quo*, a não ser trabalhando para universalizar as condições de acesso ao universal.

Necessidade lógica e limitação social

Mas, para dar um conteúdo concreto e preciso a essa espécie de *slogan* que, pelo menos, tem o mérito de ser claro e rigoroso e de prevenir contra as hipocrisias populistas, seria preciso reintroduzir toda a análise da gênese e da estrutura específica desses mundos sociais muito particulares nos quais o universal se engendra — e que chamo de campos. Penso, de fato, que há uma história social da razão, coextensiva à história desses microcosmos nos quais, pouco a pouco, são instituídas as condições sociais de desenvolvimento da razão. A razão é histórica do começo ao fim. O que, entretanto, não significa que ela seja relativa à história. A história da razão é a história específica da emergência desses universos sociais específicos que, tendo como condição de possibilidade a *skholé*, e como fundamento a distância escolástica em relação à necessidade e à urgência, especialmente econômicas, oferecem as condições favoráveis ao desenvolvimento de uma forma específica de troca social, de competição, logo, de luta, indispensável ao desenvolvimento de certas potencialidades antropológicas.

Para que se entenda, direi que, se esses universos são favoráveis ao desenvolvimento da razão, é porque, para ter valor aí, é preciso ter o valor da razão, para aí triunfar, é preciso fazer triunfar argumentos, demonstrações, refutações. Os "móveis patológicos" de que fala Kant, devem aí converter-se em motivos lógicos para serem reconhecidos, isto é, para serem simbolicamente eficientes. Esses universos sociais que, sob certos aspectos, são como os outros, com poderes, monopólios, interesses, egoísmos, conflitos etc., sob outros aspectos, são muito diferentes, excepcionais, logo, um pouco milagrosos: de fato, as regras, tácita ou explicitamente impostas nas lutas de competição, são tais que as pulsões mais "patológicas" são obrigadas a conformar-se às formas e formalismos sociais, a curvar-se a processos e procedimentos estabelecidos, especialmente quando se trata de debate, de confrontação, a obedecer cânones adequados ao que se entende, em cada momento histórico, por razão.

O campo científico, esse universo escolástico no qual as limitações mais brutais do mundo comum estão suspensas, é o lugar de emergência de uma nova forma de necessidade ou de limitação ou, se quisermos, de uma legalidade específica, *Eigengesetzlichkeit*: as limitações lógicas, cuja especificidade Jacques Bouveresse tratou de demonstrar pela manhã, tomam aí a forma de limitações sociais (e reciprocamente); inscritas nas mentes sob a forma de disposições adquiridas nas disciplinas da cidade científica, elas estão também inscritas na objetividade do campo científico sob a forma de instituições como os processos estabelecidos de debate, de refutação, de diálogo e, talvez sobretudo, sob as formas das sanções, positivas ou negativas, que um campo funcionando como um mercado de um tipo muito específico inflige à produção individual já que, no limite, cada produtor só tem como clientes seus concorrentes, portanto, seus uízes mais impiedosos.

Diga-se de passagem que, para escapar ao relativismo, não há necessidade de inscrever, não mais na consciência, mas na linguagem, como uma forma renovada da ilusão transcendental, as estruturas universais da razão. Jürgen Habermas fica na metade do caminho em seu esforço para buscar nas ciências sociais (especialmente nos princípios de Grice) um modo de sair do círculo historicista ao qual parecem destinadas as ciências sociais. Não há necessidade de invocar um além da história, nem de ceder à ilusão platônica, encontrada, sob diversas formas, em todos os campos, para dar conta da transcendência das obras (matemáticas, artísticas etc.) produzidas nos campos do saber; transcendência comprovada através da experiência da limitação, ou melhor, da censura, externa ou interna, que o campo exerce sobre todos aqueles dotados das disposições que ele produz e exige ("Que aqui não entre quem..."). Levando até o fim a redução historicista, é preciso buscar a origem da razão, não em uma "faculdade" humana, isto é, em uma *natureza*, mas na própria história desses microcosmos sociais específicos nos quais os agentes lutam, em nome do universal, pelo monopólio legítimo do universal.

Uma análise realista do funcionamento dos campos de produção cultural, longe de levar ao relativismo, estimula a superar a alternativa entre o niilismo antirracionalista e anticientífico e o moralismo do diálogo racional, propondo uma verdadeira *Realpolitik da razão*. Penso, de fato, que, a menos que se acredite em milagres, só podemos esperar o progresso da razão de uma ação política racionalmente orientada a favor da defesa das condições sociais do exercício da razão, de uma mobilização permanente de todos os produtores culturais na defesa, através de intervenções contínuas e despretensiosas, das bases institucionais da atividade intelectual. Qualquer projeto de desenvolvimento do espírito humano que, esquecendo o enraizamento histórico da razão, conte apenas com a força da razão e do discurso racional para levar avante a causa da razão, e deixe de apelar para a luta política para tentar dotar a razão e a liberdade dos instrumentos propriamente políticos que são a condição de sua realização na história, ainda é prisioneiro da ilusão escolástica.

UM FUNDAMENTO PARADOXAL DA MORAL

Ponto de partida possível para uma reflexão sobre a moral: a existência, universalmente atestada, de estratégias de segundo grau, metadiscursivas ou metapráticas, através das quais os agentes visam produzir a aparência de conformidade (por ato ou intenção) a uma regra universal, mesmo quando sua prática esteja em contradição com a regra ou não tenha como princípio a obediência à regra.[1] Essas estratégias, por meio das quais "nos conformamos", especialmente "aplicando regras", isto é, expressando que reconhecemos a regra mesmo na transgressão, implicam o reconhecimento da lei fundamental do grupo, aquela que exige que respeitemos, senão a regra (os cabilas gostam de dizer: "Toda regra tem sua saída"; e Marcel Mauss: "Os tabus existem para serem quebrados"), pelo menos a lei fundamental que exige que expressemos nosso reconhecimento da regra. Não existe ato mais piedoso, em certo sentido, isto é, do ponto de vista do grupo, do que as

---

1. Este texto é a transcrição da comunicação apresentada no colóquio *From the twilight of probability*, realizado em Lucarno, em maio de 1991, cf. "Towards a policy of morality in politics", *in*: W.R. Shea e A. Spadafora (eds.) *From the twilight of probability*. Canton, Massachusetts, Science History Publications, 1992, pp. 146-151.

"mentiras piedosas", as "piedosas hipocrisias": se esses enganos que não enganam ninguém são tão facilmente aceitos pelos grupos, é porque encerram uma declaração indubitável de respeito pela regra do grupo, isto é, pelo princípio formal universal (já que aplicável a qualquer membro do grupo), constitutivo da existência do grupo. As estratégias de oficialização pelas quais os agentes manifestam sua reverência pela crença oficial do grupo (a do pai cabila que apresenta como inspirado pelo puro respeito à regra matrimonial um casamento com a prima paralela imposto pelo desejo de "cobrir a vergonha", ou a do juiz de uma corte de apelação que finge deduzir dos puros princípios do direito uma decisão inspirada ou imposta por considerações inteiramente circunstanciais etc.) são estratégias de universalização que atribuem ao grupo o que ele exige acima de tudo, isto é, uma declaração pública de reverência pelo grupo e pela *representação* que ele pretende dar e dar-se de si mesmo.

A representação (mental) que o grupo se faz de si mesmo só pode se perpetuar no e pelo trabalho incessante de representação (teatral) pelo qual os agentes produzem e reproduzem, na e pela ficção, a aparência ao menos de conformidade à verdade ideal do grupo, a seu ideal de verdade. Trabalho que se impõe com uma particular urgência àqueles que, encarregados de expressar o grupo, os porta-vozes, os oficiais, têm, menos do que qualquer outro, em sua vida pública e até em sua vida privada, o direito de deixar de fazer a reverência oficial em relação ao ideal coletivo. Os grupos só reconhecem plenamente aqueles que expressam publicamente que os reconhecem. E a sanção do escândalo político atinge inevitavelmente o porta-voz que trai, que não atribui realmente ao grupo aquilo que lhe vale o reconhecimento do grupo.

Assim, os grupos recompensam universalmente as condutas às quais creditam universalidade, na realidade, ou, pelo menos, na intenção, conformes, portanto, com a virtude; e eles atribuem um valor particular às homenagens reais, ou até fictícias, ao ideal de desinteresse, à subordinação do eu ao nós, ao sacrifício do interesse particular ao interesse geral, que define, precisamente, a passagem à ordem ética. Podemos, portanto, tomar como lei antropológica universal que há lucro (simbólico e, às vezes, material) em submeter-se ao universal, em dar-se (pelo menos) a aparência da virtude, em curvar-se, exteriormente, à regra oficial. Dito de outro modo, o reconhecimento universalmente concedido à regra oficial faz com que o respeito, ainda que formal ou fictício, à regra assegure lucros de regularidade (é sempre mais fácil e mais confortável estar de acordo com a regra) ou de "regularização" (como, às vezes, diz o realismo burocrático que fala, por exemplo, em "regularizar uma situação").

Consequentemente, a universalização (como expressão de reconhecimento do *koinon* e do *koinonein*, caros a Platão) é a estratégia universal de legitimação. Aquele que se conforma, coloca o grupo de seu lado, ao colocar-se ostensivamente ao lado do grupo em um e por um ato público de reconhecimento de uma norma comum, universal, já que universalmente aprovada nos limites do grupo. Ele declara que aceita o ponto de vista do grupo sobre sua conduta, válido para qualquer agente possível, para um *x* universal. Por oposição à afirmação simples do arbítrio subjetivo (porque quero, porque me agrada), a referência à universalidade da regra representa um acréscimo na potência simbólica, vinculada à conformação universal, à fórmula oficial, à regra geral.

Mas a existência de um interesse na virtude e de lucro na conformidade ao ideal social de virtude é universalmente conhecida e não há tradição que ignore as precauções contra o farisaísmo, a defesa ostensiva (e mais ou menos hipócrita) das "boas causas", o exibicionismo da virtude sob todas as suas formas. A universalização é a estratégia de legitimação por excelência, estamos sempre no direito de suspeitar que uma conduta formalmente universal é produto de um esforço para garantir o apoio ou a aprovação do grupo, para tentar apropriar a força simbólica que representa o *koinon*, o *senso comum*, fundamento de todas as escolhas que se apresentam como universais (o *koinon*, o senso comum, impondo-se como o que é justo, tanto no sentido ético, prático — por oposição ao que é egoísta — quanto no sentido teórico, cognitivo — por oposição ao que é subjetivo e parcial). E isso nunca é tão verdadeiro como na luta propriamente política pelo monopólio da violência simbólica, pelo direito de dizer o certo, o verdadeiro, o bem, e todos os valores ditos universais, na qual a referência ao universal, ao justo, é a arma por excelência.

Mas o desencanto que a análise sociológica do interesse pelo desinteresse pode produzir não leva inevitavelmente a um moralismo de intenção pura que, atento apenas à usurpação da universalidade, ignore que o interesse pelo universal e o lucro com o universal são indiscutivelmente o motor mais seguro do progresso em direção ao universal. Quando dizemos, com o provérbio, que "a hipocrisia é uma homenagem que o vício presta à virtude", podemos estar mais atentos à hipocrisia, negativa e universalmente estigmatizada, ou, de modo mais realista, à homenagem à virtude, positiva e universalmente reconhecida. E como ignorar que a crítica da suspeição constitui, ela mesma, uma maneira de participar dos lucros do universal? Como deixar de ver em todo caso que, em seu aparente niilismo, ela na verdade encerra o reconhecimento de princípios universais, lógicos ou éticos, que deve, ainda que tacitamente, invocar para enunciar ou denunciar a lógica egoísta, interessada ou parcial, subjetiva, das estratégias de universalização? Já foi observado que não se pode opor à definição aristotélica de homem o fato de que os homens são irracionais se julgamos sensato e razoável aplicar-lhes normas racionais. Do mesmo modo, não podemos, por exemplo, censurar no modelo hegeliano de burocracia de Estado o fato de ignorar que os servidores do Estado servem seus interesses particulares sob a aparência de servir o universal, porque admitimos tacitamente que a burocracia pode, como pretende, servir o universal e que os critérios e as críticas da razão e da moral podem, portanto, ser legitimamente aplicados a ele.

O teste de universalizabilidade, caro a Kant, é a estratégia universal da crítica lógica das pretensões éticas (quem afirma que os outros podem ser maltratados apenas porque têm alguma propriedade específica, por exemplo, a pele negra, podendo ser interrogado sobre sua disposição para aceitar esse tratamento se fosse negro). Colocar a questão da moral na política ou da moralização da política em termos sociologicamente realistas significa interrogar-se, de modo muito prático, a respeito das condições que deveriam ser preenchidas para que as práticas políticas fossem submetidas, permanentemente, a um teste de universalizabilidade; para que o próprio funcionamento do campo político imponha aos agentes aí engajados em tempo integral limitações e controles tais que eles sejam obrigados a seguir estratégias reais de universalização. Vemos que se trataria de instituir universos sociais nos quais, como na república ideal de Maquiavel, os agentes teriam interesse na virtude, no desinteresse, no devotamento ao serviço público e ao bem comum.

A moral política não pode cair do céu; ela não está inscrita na natureza humana. Apenas uma *Realpolitik* da Razão e da Moral pode contribuir para implementar a instauração de um universo no qual todos os agentes e seus atos estariam submetidos — especialmente pela crítica — a uma espécie de teste de universalizabilidade permanente, instituído praticamente na própria lógica do campo: não há ação política mais realista (pelo menos para os intelectuais) que aquela que, dando força política à crítica ética, pudesse contribuir para o advento de campos políticos capazes de favorecer, pelo seu próprio funcionamento, os agentes dotados das disposições lógicas e éticas mais universais.

Em resumo, a moral não tem nenhuma possibilidade de ocorrer, especialmente na política, a não ser que trabalhemos para criar os meios institucionais de uma política da moral. A verdade oficial do oficial, o culto do serviço público e do devotamento ao bem comum não resistem à crítica da suspeição que descobre em

221

toda parte corrupção, arrivismo, clientelismo ou, no melhor dos casos, o interesse privado em servir ao bem público. Devotados ao que Austin chama, de passagem, de "impostura legítima", os homens públicos são homens privados socialmente legitimados e encorajados a se tomar por homens públicos, logo a se pensar e a se apresentar como servidores devotados do público e do bem público. Uma política da moral deve ter presente esse fato: por um lado, esforçando-se por entender os oficiais no seu próprio jogo, isto é, na cilada da definição oficial de suas funções oficiais. Mas também, e sobretudo, trabalhando sem parar para aumentar o custo do esforço de dissimulação necessária para mascarar a distância entre o oficial e o oficioso, o palco e a coxia da vida política. Esse trabalho de desvendamento, de desencantamento, de desmistificação não tem nada de desencantador: de fato, ele só pode se realizar em nome dos próprios valores que estão na base da eficácia crítica do desvendamento de uma realidade em contradição com as normas oficialmente professadas, igualdade, fraternidade e, sobretudo, no caso específico, sinceridade, desinteresse, altruísmo, em resumo, tudo o que define a virtude civil. E não há nada de desesperador — a não ser para as "almas puras" — no fato de que aqueles incumbidos desse trabalho — jornalistas em busca de escândalo, intelectuais dispostos a adotar causas universais, juristas dedicados a defender e estender o respeito ao direito, pesquisadores obstinados em desvendar o oculto, como o sociólogo — só podem, eles próprios, contribuir para criar as condições de instauração do reino da virtude civil se a lógica de seus campos respectivos lhes assegurar os lucros do universal que são o princípio de sua *libido virtutis*.

ÍNDICE ONOMÁSTICO

Adorno, T.W., 59
Anderson, M., 125
Antal, F., 59
Antoine, 67
Apollinaire, G., 72
Ariès, Ph., 125
Aristóteles, 126, 148
Artaud, A., 73
Austin, J., 113, 199, 200, 222

Bachelard, G., 9, 15
Balzac, H. de, 21, 69
Barthes, R., 54
Becker, G., 175, 184
Benedict, R., 13
Benveniste, E., 23, 62, 174n
Bercé, Y.M., 104n
Berman, H.J., 108n
Bernhard, T., 92
Bloch, M., 108
Bloor, D., 84n, 85n
Bonney, R., 99n
Borkenau, 59
Bouveresse, J., 207, 213
Brémond (Abade), 73
Breton, A., 153
Brunetière, F., 73
Bürger, P., 87n

Cassirer, E., 9, 16, 56, 115, 120
Chomsky, N., 203, 204
Cicourel, A., 202
Corrigan, Ph., 106

Dagron, G., 150n
Derrida, J., 161
Dubergé, J., 103n
Duchamp, M., 182
Durkheim, E., 38, 92, 95, 105, 115, 120, 147

Elias, N., 44, 100, 102, 122, 150, 151
Eliot, T.S., 55
Elster, J., 164
Engel, P., 77n
Éribon, D., 93
Esmelin, A., 108n

Faulkner, W., 70, 76
Finstad, L., 175n
Flaubert, G., 21, 58, 69
Fogel, M., 112n
Foucault, M., 56-58, 62, 93, 118

Galbraith, J.K., 169
Genet, Ph., 99n
Gernet, J., 185
Gide, A., 138

Goldmann, L., 59
Goncourt, E. e J., 69, 70
Grojnowski, D., 182n
Gubrium, J.F., 125n

Habermas, J., 154, 214
Hanley, S., 110
Haskell, F., 58
Hegel, 25, 57, 92, 95, 114
Heidegger, M., 41, 59, 83, 145
Hilton, R.H., 103n
Hoigard, C., 175n
Holstein, J.A., 125n
Huizinga, 139
Hume, 119
Husserl, 143, 145, 200

Isambert, F., 87n

Jakobson, R., 73
Jouanna, A., 111
Joyce, J., 70

Kant, 25, 77, 128, 208, 209, 213, 221
Kelsen, H., 148
Kiernan, V.G., 111
Klapisch-Zuber, C., 132n
Kraus, K., 182
Kripke, S., 77

Labov, W., 211
La Rochefoucauld, 87n, 151, 152
Latour, B., 86, 87n
Leibniz, W.G., 25, 115
Le Mené, M., 99n
Lévi-Strauss, C., 118, 159, 160, 204
Lugné-Poe, A., 67
Luckacs, G., 59, 174n

Maitland, F.W., 112n
Maquiavel, 155, 221
Maresca, S., 80n
Marx, 25, 26, 49, 120, 122
Mauss, M., 105, 113, 159, 182, 217
Maxwell, 36, 37, 41, 43

Merton, R., 83, 84, 88
Miller, W.I., 101n
Mousnier, R., 111
Muel-Dreyfus, F., 75n

Nicole, E., 79n

Pascal, 27, 85
Picard, R., 54
Platão, 200, 202, 219
Polanyi, K., 173
Proust, M., 79

Robbe-Grillet, A., 76
Rousseau, H., 53
Ryle, 213

Saint-Simon, 139
Sartre, J.P., 58, 59, 153
Saussure, F. de, 54, 56, 115
Sayer, D., 106
Schmolders, G., 103
Shakespeare, 76
Shorter, E., 125
Simiand, F., 179
Simon, C., 70
Spencer, 147
Spinoza, 35

Thompson, E.P., 29
Tilly, Ch., 100
Trier, 56
Tynianov, J., 58

Valéry, P., 55
Veblen, Th., 23
Vuillemin, J., 203, 203n, 208, 209

Weber, M., 38, 60, 62, 97, 100, 118, 120,
    122, 147, 168, 170, 174, 195, 202
Wittgenstein, 57, 204
Woolgar, S., 86, 87n

Zelizer, V., 163
Ziff, P., 77